meditação para pessoas *ocupadas*

OSHO

meditação para pessoas *ocupadas*

estratégias para eliminar o estresse
e tranqüilizar sua vida

Tradução
Roberto Galman

Editora Gente

Editora
Rosely M. Boschini

Coordenação editorial
Dida Bessana

Produção gráfica
Carlos A. Serra Neto

Capa
Kiko Lopes

Diagramação
Join Bureau

Revisão
Regina Machado

Impressão e acabamento
Yangraf

Título original: *Meditation for Busy People*
Publicado por acordo com a Hamlyn,
divisão do Octopus Publishing Group Ltd,

Rua Pedro Soares de Almeida, 114
São Paulo, SP – CEP 05029-030
Tel.: (011) 3670-2500
Site: www.editoragente.com.br
E-mail: gente@editoragente.com.br

Dados Internacionais de Catalogação na Publicação (CIP)
(Câmara Brasileira do Livro, SP, Brasil)

Osho

Meditação para pessoas ocupadas : estratégias para eliminar o estresse e tranqüilizar sua vida / Osho ; tradução Roberto Galman. – São Paulo: Editora Gente, 2005.

Título original : Meditation for busy people : stress-beating strategies to calm your life.

ISBN 85-7312-479-2

1. Conduta de vida 2. Espiritualidade 3. Estresse (Psicologia) 4. Meditações I. Título.

05-7435 CDD-299.93

Índices para catálogo sistemático:

1. Meditações diárias : Osho : Filosofia mística : Religião 299.93
2. Osho : Meditações diárias : Filosofia mística : Religião 299.93

sumário

primeira parte

compreendendo as raízes do estresse

A tensão nada tem a ver com algo fora de você, mas com o que está acontecendo em seu interior. Você sempre encontrará uma desculpa externa para racionalizar sua tensão, simplesmente porque parece absurdo ficar tenso sem nenhuma razão. Mas a tensão não está fora de você: ela reside em seu estilo de vida incorreto. Você está sempre pensando em termos de passado ou de futuro e deixando passar o presente – isso gera tensão.

iluminando o interior

Sabedoria não é o acúmulo de fatos, números e informações – é uma transformação de seu espaço interior.

Estamos vivendo fora de nós mesmos e, portanto, nosso mundo interior permanece obscuro. Se nos voltarmos para dentro, se nossa atenção começar a se concentrar no interior, então cria-se a luz. Temos tudo que é necessário para criar luz: trata-se apenas da necessidade de um rearranjo.

É como se alguém tivesse desarrumado seu quarto – a mobília está de cabeça para baixo, o lustre está no chão. Tudo se encontra lá, porém fora de seu lugar. É difícil viver em um quarto como esse. Você terá de colocar as coisas de volta exatamente onde devem ficar.

É desse modo que o ser humano existe: temos tudo que é necessário, a existência proporcionou tudo. Chegamos totalmente prontos para viver nossa vida em um plano ótimo, porém vivemos em um nível mínimo pela simples razão de nunca arranjarmos as coisas. Por exemplo, nossa atenção direciona-se para o exterior e, portanto, podemos ver todos exceto nós mesmos – e esse é o aspecto mais importante a observar. É perfeitamente bom ver os outros, mas você tem de ver a si próprio, primeiro tem de ser você mesmo. Desse ponto privilegiado, desse estado centralizado, você pode olhar os outros e isso lhe dará uma qualidade totalmente diferente.

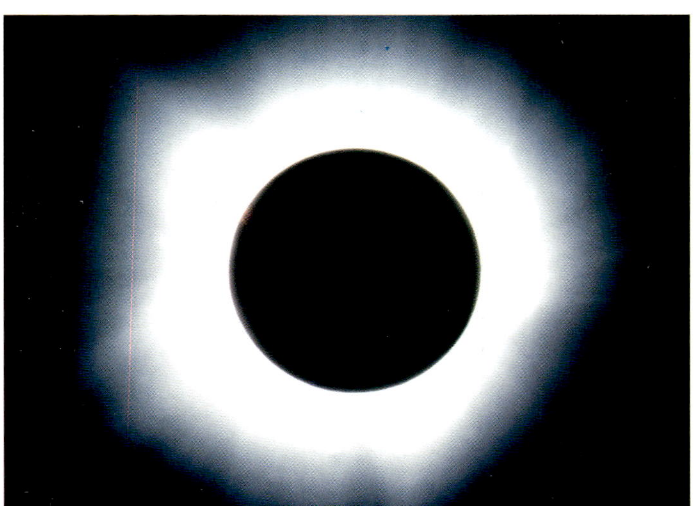

Portanto a atenção deve se voltar para o interior. É disso que trata a autodescoberta – um giro de 180° de nossa atenção, de nossa conscientização. E onde focalizarmos nossa conscientização, o espaço torna-se iluminado. Não sou contra o mundo exterior, porém o mundo interior é o primeiro a receber cuidados e o mundo exterior ocupa o segundo lugar. A pessoa que pode cuidar de seu mundo interior facilmente é capaz de cuidar do mundo exterior.

Sabedoria significa autoconhecimento e conhecer-se é o início de todos os demais conhecimentos. Depois o círculo de sua luz pode continuar se ampliando: ele pode tornar-se cada vez mais abrangente. Surge o momento em que sua sabedoria abrange tudo, passa a abarcar tudo. Quando uma pessoa sente que nada deixa de estar presente, nada está faltando, ela encontrou o caminho certo. Há grande relaxamento, tranqüilidade, contentamento profundo; há um silêncio, mas pleno de canções.

...se nossa atenção começa a se concentrar no interior, então cria-se a luz.

a patologia da ambição

Todas as culturas e todas as religiões o condicionam a sentir-se negativo a respeito de si mesmo. Nenhuma pessoa é amada ou apreciada por ser ela mesma. Você é solicitado a provar se tem algum valor: ganhe medalhas de ouro nas competições esportivas, obtenha sucesso, dinheiro, poder, prestígio, respeitabilidade. Prove seu valor! Seu valor não é intrínseco; foi isso que lhe ensinaram. Seu valor tem de ser provado.

Daí resulta um grande antagonismo, um sentimento arraigado de que "não tenho valor do modo como sou – a não ser que se prove o contrário". Poucas pessoas podem triunfar neste mundo competitivo. Milhões e milhões estão competindo – quantas podem obter sucesso? Quantas podem se tornar presidentes e primeiros-ministros? Em um país de milhões de habitantes, só uma pessoa se tornará presidente, porém, bem no íntimo, todos anseiam pelo cargo. Milhões julgarão que não estão à altura das responsabilidades. Quantas pessoas podem se tornar grandes pintores? No entanto, qualquer pessoa tem algo para criar. Quantas podem se tornar grandes poetas, como Shakespeare, Milton ou Shelley? No entanto, toda pessoa tem uma veia poética em seu interior mais profundo; toda pessoa tem alguma poesia para transmitir ao mundo. Porém, quando ela se torna uma ambição, a ambição em si é antipoética.

A idéia de sucesso o tortura. Esta é a maior calamidade que já aconteceu à humanidade: a idéia de sucesso, de que você

tem de obter sucesso. E sucesso significa que você tem de competir, de lutar – por meios lícitos ou condenáveis, não importa. Quando obtém sucesso, tudo fica bem. O ponto-chave é o sucesso; mesmo se o alcançar por meios condenáveis, após obtê-lo, tudo o que fez é aceitável.

O sucesso altera a qualidade de todos os seus atos. O sucesso transforma meios ruins em meios bons. Portanto, a única pergunta é: como obter sucesso, como atingir o topo? E, naturalmente, muito poucas pessoas podem alcançar o topo. Se todos estão tentando chegar ao topo do Everest, quantas pessoas podem ficar lá? Não há muito espaço no pico; só uma pessoa pode permanecer lá com folga. Os milhões que também almejavam se sentirão fracassados e uma grande desesperança se instalará em seu espírito. Eles começarão a sentir-se negativos.

Esse é o tipo errado de educação. Essa assim chamada educação que lhe foi inculcada é totalmente perniciosa. Suas escolas e faculdades, suas universidades o estão envenenando. Estão tornando-o infeliz; são locais onde infernos são produzidos, porém de modo tão formoso que você nunca se conscientiza do que está acontecendo. O mundo todo tornou-se um inferno por causa da educação errada. Toda educação que se baseie na idéia de ambição criará o inferno na terra – e isso efetivamente ocorreu.

Todos estão sofrendo e se sentindo inferiores. Essa é uma situação realmente estranha. Ninguém é inferior e ninguém é superior, porque cada indivíduo é único –

nenhuma comparação é possível. Você é simplesmente você, e não pode ser outra pessoa. E também não há necessidade. Não precisa tornar-se famoso, não precisa ser um sucesso aos olhos do mundo. Todas essas idéias são tolas.

Você só precisa ser criativo, carinhoso, consciente, meditativo... se sentir a poesia surgindo em seu interior, escreva-a para si mesma, para seu marido, para seus filhos, para seus amigos – e esqueça-se de tudo o mais! Cante sua canção e, se ninguém ouvi-la, cante-a sozinho e a aprecie! Dirija-se às árvores e elas o aplaudirão e o apreciarão. Ou fale com os pássaros e os animais e eles compreenderão muito mais que os seres humanos envenenados durante séculos e séculos com conceitos de vida errados.

A pessoa ambiciosa é patológica.

Você tem um sentimento negativo em relação a si mesmo porque o ensinaram a sentir-se assim. Seus pais agiram desse modo com você – essa é sua herança. Seus professores também se comportaram desse modo, tanto quanto seus líderes religiosos. Seus líderes políticos agiram assim com você – e um número tão grande de pessoas está procedendo desse modo que, naturalmente, você aceitou a idéia de que não tem valor, de que não tem significado ou valor intrínseco, que não tem nenhum significado próprio.

Os pais estão dizendo a seu filho: "Prove que você tem algum valor!". Ser, simplesmente ser, não é suficiente – é necessário fazer algo.

Toda a minha abordagem consiste em afirmar que ser contém um valor intrínseco. O fato de você apenas ser representa uma importante dádiva da existência; ao que mais você pode ansiar? Só respirar nessa existência maravilhosa constitui prova suficiente de que a existência o ama, de que ela precisa de você, caso contrário você não estaria aqui. Você existe! A existência o fez nascer. Deve ter havido uma imensa necessidade e você preencheu um vazio. Sem você a existência seria menor. E, quando digo isso, estou dizendo não somente para você: estou dizendo para as árvores, para os pássaros, para os animais, para os seixos na praia. Um único seixo a menos na imensa orla marítima e ela não seria a mesma. Uma única flor a menos e o universo sentiria falta dela.

Você precisa aprender que tem valor do modo como é. E não estou lhe ensinando a ser egoísta, ao contrário. Se você julga que tem valor do modo como é, também julgará que outras pessoas têm valor da maneira como são.

Aceite as pessoas como são; desista do "deveriam" e do "precisariam" – esses são conceitos inimigos. As pessoas estão adotando um número excessivo de "deveriam"; "faça isto e não faça aquilo!". Há tantos "faça" e "não faça" que não se tem flexibilidade; a carga é muito pesada. Foram-lhe transmitidos tantos ideais e metas – ideais de perfeição – que você sempre julga não estar à altura. E os ideais são totalmente impossíveis de atingir. Você não consegue atingi-los; não há possibilidade de alcançá-los. Portanto, você nunca estará à altura.

Ser perfeccionista significa estar pronto para o divã do psiquiatra; ser perfeccionista é ser um neurótico. E a todos nós foi dito para sermos perfeitos.

A vida é maravilhosa em todas as suas imperfeições. Nada é perfeito. Permita-me lhe dizer: mesmo Deus não é perfeito – porque se Deus é perfeito então Friedrich Nietzsche está certo ao dizer que Deus está morto. Perfeição significa morte! Perfeição significa que não há possibilidade de crescimento adicional. Perfeição significa que tudo está terminado. Imperfeição significa a possibilidade de crescer. Imperfeição significa a excitação de novas pastagens, o êxtase, a aventura. Imperfeição significa que você está vivo, que a vida vai continuar.

A vida é eterna, portanto digo que a vida é eternamente imperfeita. Não há nada de errado em ser imperfeito. Aceite sua imperfeição e a idéia de ser negativo em relação a si mesmo desaparecerá. Aceite seu estado atual e não o compare com alguma perfeição futura, algum ideal futuro. Não pense em como você deveria ser! Essa é a raiz de toda patologia – desista disso. Você existe do modo como é hoje e amanhã pode ser diferente. Mas você não pode prever isso hoje

Viva este dia em toda sua beleza, em toda sua alegria, em toda sua dor...

e também não é necessário planejamento para que isso ocorra.

Viva este dia em toda sua beleza, em toda sua alegria, em toda sua dor, agonia, êxtase. Viva-o em sua totalidade – em sua obscuridade, em sua luz. Viva o ódio e viva o amor. Viva a irritação e a compaixão. Viva o que existe neste momento.

Minha abordagem não é a da perfeição, mas a da totalidade. Viva o momento que se encontra totalmente disponível para você e o próximo momento nascerá dele. Se esse momento tiver sido totalmente vivido, o próximo alcançará uma intensidade mais elevada de totalidade, um pico mais elevado de totalidade -- pois de onde virá o próximo momento? Ele deve nascer deste momento. Esqueça tudo a respeito do futuro – o presente é suficiente.

Jesus diz: "Não pense no amanhã e olhe os lírios no campo! Como são belos. Mesmo Salomão no auge de sua glória não se vestiu como um deles". E qual é o segredo dos lírios formosos? O segredo é simples: eles não pensam no amanhã, eles nada sabem sobre o futuro. O amanhã não existe. Este dia se basta; este momento se basta. E seu sentimento de negatividade a seu respeito desaparecerá.

Lembre-se: se você se sente negativo a seu próprio respeito, automaticamente se sentirá negativo a respeito das demais pessoas. Isso é um corolário necessário. Ele tem de ser compreendido. A pessoa que tem um sentimento negativo a respeito de si mesma também não pode ser positiva a respeito dos outros, porque as falhas que identifica em si encontrará neles – na realidade, as ampliará nos outros. Ela se vingará. Seus pais o fizeram sentir-se negativo e você se vingará em seus filhos; você os tornará até mais negativos.

Desse modo a negatividade aumenta a cada geração. Cada geração torna-se cada vez mais patológica. Se as pessoas modernas estão sofrendo tanto psicologicamente, isso nada tem a ver com elas; isso apenas mostra que todo o passado foi errado. É a acumulação de todo o passado. A não ser que nos livremos de todo esse passado patológico e comecemos de novo, vivendo no presente, sem nenhuma idéia de perfeição, sem ideais, sem "deveríamos", sem mandamentos, a humanidade está condenada.

Todos se sentem negativos. Uma pessoa pode confessar, outra não. E quando uma pessoa sente-se negativa a seu respeito, ela se sente negativa em relação a tudo o mais. A atitude de uma pessoa torna-se negativa, um "não". E, se uma pessoa negativa for levada a uma roseira em flor, contará os espinhos em vez de olhar as rosas – ela não consegue vê-las. Não é capaz de olhar as flores. Simplesmente desprezará as rosas e contará os espinhos.

Se você está se sentindo negativo, então a totalidade da vida torna-se uma noite

...Viva-o em sua totalidade – em sua obscuridade, em sua luz.

escura. Não há mais o raiar do dia, as manhãs nunca surgem. O sol só se põe, nunca nasce. Suas noites escuras nem sequer estão plenas de estrelas. O que você pode dizer a respeito das estrelas? Você nem sequer tem uma vela pequena.

A pessoa negativa vive na obscuridade, vive um tipo de morte. Ela morre lentamente. É isso que considera ser a vida. Ela prossegue se prejudicando de muitas maneiras; é autodestrutiva. E, naturalmente, quem entrar em contato com ela também será destruído. Uma mãe negativa destruirá a criança. O marido negativo destruirá a esposa; a esposa negativa destruirá o marido. Os pais negativos destruirão seus filhos; a professora negativa destruirá seus alunos.

É necessária uma nova humanidade que afirmará a vida, que amará a vida, que amará o amor, que amará essa existência tal como é, em primeiro lugar, que não exigirá ser perfeita, que celebrará a vida com todas as suas limitações. E você ficará surpreso – se você amar sua vida, a vida começará a abrir suas portas para você. Se você ama, mistérios lhe serão revelados, segredos lhe serão transmitidos. Se ama seu corpo, mais cedo ou mais tarde se tornará consciente da alma que reside nele. Se ama as árvores e as montanhas e os rios, mais cedo ou mais tarde verá as mãos invisíveis de Deus por trás de tudo. Sua assinatura encontra-se em cada folha. Você apenas precisa de olhos para enxergar – e apenas olhos positivos podem ver; olhos negativos não conseguem ver.

Aceite a si mesmo, caso contrário você se tornará um hipócrita. E o que é um hipócrita? A pessoa que diz uma coisa, acredita em outra e vive em situação oposta. Não reprima nada – nada em você é negativo. A existência é integralmente positiva. Expresse seus sentimentos interiores mais ocultos. Cante sua canção e não se preocupe com o que ela representa. Não espere que alguém a aplauda, pois não há necessidade. O próprio ato de cantar deve ser uma gratificação.

Se você deseja realmente viver, precisará de um "sim" profundo em seu coração. Só o "sim" lhe permite viver. Ele lhe proporciona alimento, lhe dá espaço para se locomover. Simplesmente observe – mesmo ao repetir a palavra "sim" algo começa a abrir-se em você. Diga "não" e algo se contrai. Diga não, repita o não e você estará se matando. Diga sim e se sentirá transbordante. Diga sim e estará pronto para amar, viver, existir.

Para mim cada indivíduo é soberbo e único. Não compare indivíduos; a comparação não é meu modo de agir, porque a comparação é sempre feia e violenta. Não direi que você é superior às outras pessoas, não direi que é inferior. Você é simplesmente você mesmo e é necessário do modo como é. E é incomparável – como são todas as demais pessoas.

segunda parte

fazendo a conexão corpo-mente

Por que as pessoas parecem estar tão cansadas? Todas estão batalhando. Sua religião o ensina a lutar – toda sua formação baseia-se no conflito, pois é somente por meio da luta que o ego pode ser criado. Quando você relaxa, o ego desaparece. Relaxar significa abrir mão do ego. Se você segue o rio, não consegue criar um ego. O ego é um fenômeno não-natural; é necessária muita energia para criá-lo e muita energia para mantê-lo. Ter um ego constitui um fenômeno muito árduo. Toda sua vida se consome nele.

conscientização e relaxamento: duas faces da mesma moeda

Por que você está tenso? Sua identificação com todos os tipos de pensamentos e receios – morte, falência, o dólar caindo... – essas são suas tensões e também afetam seu corpo. Seu corpo também se torna tenso, porque corpo e mente não são duas entidades separadas. Corpo-mente é um sistema único, e, portanto, quando a mente se torna tensa, o corpo também se torna tenso.

Conscientização e relaxamento são duas faces da mesma moeda. Você não consegue separá-las. Você pode começar com a conscientização e então entrará em um estado de relaxamento...

A conscientização afasta-o da mente e das identificações da mente. Com naturalidade o corpo começa a relaxar. Você não está mais ligado e as tensões não podem existir por causa da luz da conscientização.

Você também pode iniciar da outra ponta. Simplesmente relaxe... deixe as tensões diminuírem... e, à medida que relaxar, ficará surpreso com o aparecimento de certa conscientização em você. Porém, começar com a conscientização é mais fácil; iniciar com o relaxamento é um pouco difícil, pois mesmo o esforço para relaxar cria certa tensão.

Há um livro norte-americano intitulado *Você deve relaxar*. Mas se existe o "deve", como você pode relaxar? O "deve" o tornará tenso; a própria palavra imediatamente cria tensão. "Deve" surge como um mandamento de Deus. Talvez a pessoa que escreveu o livro não saiba nada sobre relaxamento e não tenha nenhum conhecimento sobre as complexidades do relaxamento.

Por isso no Oriente nunca começamos a meditação pelo relaxamento; a meditação começa com a conscientização. Por isso o relaxamento surge espontaneamente; você não precisa induzi-lo. Caso tenha de induzi-lo, haverá certa tensão. Ele deve aparecer por si próprio; só então será relaxamento puro. E ele aparece.

Se você quiser, pode tentar começar com o relaxamento, mas sem nenhuma idéia de "deve". Iniciar com o relaxamento é difícil, mas, caso deseje tentar, tenho uma idéia de como você pode começá-lo. Tenho trabalhado com muitas pessoas do Ocidente e me conscientizei do fato de elas não pertencerem ao Oriente e não conhecerem a corrente de consciência oriental; elas provêm de uma tradição diferente que nunca conheceu nenhum tipo de conscientização.

Especialmente para elas, criei meditações como a Meditação Dinâmica. Enquanto conduzia acampamentos de meditadores, usei uma meditação com excesso de palavras e a Meditação Kundalini. Se você quer iniciar com o relaxamento, então essas meditações têm de ser feitas primeiro, pois eliminarão toda a tensão de sua mente e de seu corpo e o relaxamento se tornará muito fácil. Você não sabe o quanto está reprimindo, e isso é a causa da tensão.

Permiti uma meditação com excesso de palavras nos acampamentos nas montanhas. É difícil adotá-la na cidade porque os vizinhos ficam muito irritados. Começam a telefonar para a polícia dizendo: "Nossa vida está sendo destruída!". Eles não sabem que, caso participassem em sua própria casa, se livrariam da insanidade em que vivem! Mas nem sequer têm consciência de sua insanidade.

Durante a meditação com excesso de palavras todos foram autorizados a dizer tudo o que lhes vinha à cabeça. Era uma alegria ouvir o que as pessoas estavam dizendo – idéias irrelevantes e absurdas – porque eu era a única testemunha. Você podia fazer tudo que desejasse, desde que não tocasse nos outros. As pessoas estavam tendo todos os tipos de atitudes... um estava de cabeça para baixo, outro se despiu e correu nu – e isso durou uma hora!

Todo dia um homem sentava-se diante de mim – ele deve ter sido um corretor ou algo semelhante – e assim que a meditação começava, primeiro ele sorria com a idéia do

Da falta de conscientização à conscientização é o maior salto quantitativo...

que iria fazer. Em seguida, pegava seu celular, "Alô, alô...". Continuava olhando para mim de esguelha e eu evitava olhá-lo de modo que não perturbasse sua meditação. Ele estava vendendo suas ações, comprando – passou uma hora falando ao telefone.

Todos estavam fazendo todas as coisas estranhas que haviam reprimido. Quando a meditação terminou, houve dez minutos de relaxamento e nesse período as pessoas descansaram, não por alguma decisão consciente, mas porque estavam totalmente exaustas. Todos os detritos haviam sido jogados fora e, portanto, sentiram certa limpeza e relaxaram. Milhares de pessoas descansando silenciosamente... e você não imaginaria que sequer mil pessoas se encontrassem lá.

As pessoas costumavam me procurar e dizer: "Prolongue esses dez minutos porque em toda a nossa vida nunca experimentamos tal relaxamento, tal alegria. Nunca havíamos pensado que chegaríamos a compreender o que é conscientização, mas sentimos que ela estava vindo".

Portanto, se você quer começar com o relaxamento, primeiro precisa passar por um processo catártico: Meditação Dinâmica, Kundalini ou excesso de palavras.

Você pode não conhecer a origem da expressão "excesso de palavras"; ela foi introduzida por um místico sufi chamado Jabbar – e essa era sua única meditação. Sempre que alguém aparecia, ele dizia: "Sente-se e comece" – e as pessoas sabiam o que ele queria dizer. Ele nunca falava, nunca fez nenhuma preleção; simplesmente ensinou as pessoas a dizerem muitas palavras. E às vezes ele fazia uma demonstração. Durante meia hora ele falava todo tipo de bobagens em uma linguagem fabricada; simplesmente dizia o que lhe vinha à mente. Esse era seu único ensinamento – e para aqueles que o haviam compreendido ele simplesmente dizia: "Sente-se e comece".

Jabbar ajudou muitas pessoas a se tornarem completamente silenciosas. Durante quanto tempo você pode falar? No final a mente se esvazia. Lentamente, lentamente surge um vazio profundo... e nesse vazio uma chama de conscientização. Ela sempre está presente, rodeada por seu excesso de palavras. O excesso de palavras precisa ser eliminado, porque é venenoso.

Para o corpo vale o mesmo princípio. Seu corpo possui tensões. Comece fazendo qualquer movimento que o corpo deseje fazer. Você não deve manipulá-lo. Caso ele queira dançar, queira praticar jogging, queira correr, queira rolar no chão, você não deve fazê-lo, deve simplesmente permitir. Diga ao corpo: "Você é livre, faça o que desejar" – e você ficará surpreso. "Meu Deus! O corpo desejava fazer todas essas coisas, mas eu o reprimia e essa era a tensão".

Portanto há dois tipos de tensão; as tensões do corpo e as tensões da mente. Ambas têm de ser liberadas antes de você poder começar o relaxamento, o qual o conduzirá à conscientização.

Mas começar pela conscientização é muito mais fácil, em particular para aqueles que podem compreender o processo de conscientização, que é muito simples. Durante todo o dia você emprega sua consciência em coisas – carros, trânsito – e mesmo a estas você sobrevive! Isso é absolutamente maluco. Você está usando sua consciência sem ter percepção dela, mas só com coisas externas. É a mesma consciência que precisa ser usada para o trânsito interno. Quando você fecha seus olhos há um trânsito de pensamentos, emoções, sonhos, imaginações; todos os tipos de coisas começam a aparecer.

O que você tem feito no mundo exterior, faça exatamente igual com o mundo interior e você se tornará uma testemunha. E, uma vez experimentada, a alegria de ser uma testemunha é tão grande, tão transcendente, que você apreciaria tê-la cada vez mais presente em seu mundo interior.

Não se trata de um posicionamento, nem de ir a um templo, a uma igreja ou a uma sinagoga. Sentado em um ônibus ou em um vagão de trem, quando você não tem nada para fazer, simplesmente feche os olhos. Isso evitará que sua vista fique cansada de olhar o exterior e lhe dará tempo suficiente para observar a si mesmo. Esses momentos se tornarão momentos das mais belas experiências.

E, lentamente, à medida que a conscientização aumenta, toda sua personalidade começa a mudar. Da falta de conscientização à conscientização é o maior salto quantitativo.

Simplesmente aprenda a estar consciente em todas as situações. Considere importante usar toda situação para desenvolver a conscientização.

não tente com mais esforço

É necessária mais energia para se julgar infeliz do que para se sentir alegre. Alegria é um estado da natureza – na realidade, nenhuma energia é necessária para ser alegre porque ela é natural. Necessita-se de energia para ser infeliz, porque isso não é natural. Quanto mais natural você for, menos energia será necessária; quanto mais não-natural você desejar ser, mais energia será necessária.

Caso você se apóie em seus pés, precisará de menos energia; tente apoiar-se em sua cabeça e você precisará de mais energia. Sempre que você vislumbrar a necessidade de mais energia, saberá que está tentando fazer algo não-natural. A meditação não requer energia porque é passiva, inativa, silenciosa. Você não está fazendo nada – por que precisaria de energia?

A raiva precisa de energia, o pensamento requer energia, a violência precisa de energia – porque você está fazendo algo contra a natureza, está lutando contra a natureza. É como tentar nadar contra a corrente. Se você estiver nadando no sentido do rio, então não há necessidade de energia. O rio o leva. Mas, se estiver tentando ir no sentido contrário ao da correnteza, então muita energia será necessária – porque você estará lutando contra ela.

Por que as pessoas parecem estar tão cansadas? Estão todas lutando. Sua religião o ensina a lutar, toda a sua formação baseia-se no conflito, porque é só por meio da luta que o ego pode ser criado. Quando você relaxa, o ego desaparece. Relaxar significa tornar-se sem ego. Se você nada no sentido do rio, não

...nenhuma energia é necessária para ser alegre porque ela é natural.

pode criar o ego. O ego é um fenômeno não-natural; ele precisa de muita energia para ser criado e de muita energia para ser mantido. Ter ego é um fenômeno muito desgastante. Toda sua vida é consumida por ele.

A primeira coisa que gostaria de contar-lhe é que a conscientização não precisa de energia Você ficará surpreso: a falta de conscientização necessita de energia. A meditação não precisa de energia, o pensamento precisa de energia! O relaxamento não requer energia! A tensão precisa de energia, a ansiedade precisa de energia.

Portanto, não se perca. Não se trata de fazer um esforço para ser consciente. Se você fizer um esforço, criará tensões em seu interior – todo esforço acarreta tensões. Se você tentar ficar consciente, estará lutando consigo mesmo. Não há necessidade de lutar. Conscientização não é um subproduto do esforço; conscientização é uma fragrância de liberação. A conscientização é o florescer do render-se a algo, do relaxamento.

Apenas sente em silêncio em um estado de relaxamento, sem fazer nada... e a conscientização começará. Você não precisa tirá-la de algum lugar, não precisa trazê-la de algum lugar. Ela o alcançará vinda de algum ponto desconhecido. Permaneça em silêncio, sentado e ela surgirá de suas próprias fontes.

Eu compreendo que é muito difícil permanecer sentado em silêncio; os pensamentos fluem continuamente. Então, deixe-os fluir! Não lute com seus pensamentos e você não precisará despender energia. Apenas permita que eles surjam – o

que mais você pode fazer? Nuvens vêm e vão; deixe os pensamentos virem e deixe-os partir sempre que eles o desejarem. Não se mantenha alerta e não assuma a atitude de que os pensamentos deveriam vir ou não deveriam vir – não empregue o julgamento. Deixe-os vir e deixe-os partir. Permita-se ficar totalmente vazio. Os pensamentos passarão, eles virão e partirão, e você verá lentamente que não será afetado pela chegada e pela partida deles. E quando você não for mais afetado pela chegada e pela partida deles, eles começarão a desaparecer, evaporarão... não por causa de seu esforço, mas por sua sensação de vazio tranqüilo e sereno, seu estado relaxado.

E não suponha que o relaxamento precisará de muita energia. De que modo o relaxamento precisa de energia? Relaxamento significa tão-só que você não se encontra fazendo algo.

Sentado silenciosamente
Sem fazer nada
A primavera chega
E a relva cresce sozinha...

Permita que esse mantra penetre em seu coração. Essa é a própria essência da meditação – Sentado silenciosamente... sem fazer nada... a primavera chega... e a relva cresce sozinha... Tudo acontece! Você não precisa ser um homem de ação.

Não faça da conscientização uma meta, caso contrário não terá entendido meu argumento.

Quando chegar a ocasião, quando chegar a primavera, a relva crescerá espontaneamente. Você não precisa arrancar a relva da terra. Tudo que tem a fazer é conhecer os modos de relaxamento e soltar-se.

não escolha

No momento em que você escolhe, você não é mais um todo; algo foi rejeitado, algo foi escolhido. Você optou por um lado; está a favor de algo, contra algo diferente. Você não é mais um todo; está dividido.

Você afirma: "Escolho a meditação e não ficarei mais bravo daqui em diante". A infelicidade deverá ser o resultado. A meditação não ocorrerá, só a infelicidade! Em nome da meditação você agora será infeliz – e alguém pode encontrar belos nomes para sua infelicidade.

Escolher a si próprio significa infelicidade. Não ter escolha é ficar alegre. Veja isso! Observe isso com toda a profundidade possível e perceba que escolher significa infelicidade. Mesmo se você opta pela alegria, a infelicidade será criada. Simplesmente não escolha e veja o que acontece.

É muito difícil não escolher. Sempre escolhemos; toda nossa vida tem sido uma série de escolhas. Temos acreditado que, a não ser que façamos uma escolha, quem escolherá por nós? A não ser que decidamos, quem decidirá por nós? A não ser que lutemos, quem lutará por nós? Temos acreditado em uma idéia muito estúpida: a de que a existência é contra nós, que temos de lutar,

A existência é o nosso lar: nós pertencemos a ele, ele nos pertence...

que temos de permanecer constantemente alertas contra a existência.

A existência não está contra você. Você é apenas uma pequena ondulação nesse oceano – não está separado da existência. De que modo a existência pode ser contra você? Você faz parte dela! A existência originou seu nascimento – como a mãe pode ser contra o filho?

A existência é nosso lar; nós pertencemos a ele, ele nos pertence. Portanto, não há necessidade de ficar preocupado e de lutar por meios e fins privados. Uma pessoa pode relaxar com ela – no sol, no vento, na chuva. O sol faz parte de nós assim como somos parte do sol; e as árvores fazem parte de nós assim como somos parte das árvores. Apenas observe que a existência como um todo é interdependente; ela é uma rede muitíssimo complicada, porém tudo se liga com o restante das coisas. Nada está separado. Portanto, qual a utilidade de escolher? Simplesmente viva, seja o que você é, em sua totalidade.

Um problema surge porque você identifica opostos polares em seu interior e a mente lógica pergunta: "Como posso ser ambos?". Certa vez alguém me perguntou: "Sempre que estou apaixonado a meditação é perturbada. Sempre que medito, começo a perder meu interesse no amor. Portanto, o que eu deveria fazer? O que deveria escolher?".

A idéia de escolha surge porque existem polaridades. Sim, é verdade: caso você se apaixone tenderá a esquecer a meditação e, se optar pela meditação, perderá o interesse pelo amor. Porém ainda não há necessidade de escolher! Quando você sentir que está ficando apaixonado, entregue-se ao amor – não escolha! E quando julgar que está prestes a começar a meditação, adote-a – não escolha! Não há necessidade de escolher.

E o desejo por ambos nunca surge ao mesmo tempo. Isso é algo extraordinariamente significativo para ser compreendido: o desejo por ambos nunca surge ao mesmo tempo. É impossível – porque amor significa o desejo de estar com alguém; amor significa estar concentrado no outro. E meditação significa esquecer o outro e estar concentrado em si mesmo. Ambos os desejos não podem surgir ao mesmo tempo.

Quando você deseja estar com alguém, isso significa que você está cansado de si mesmo. E quando você quer estar consigo mesmo, isso significa que está cansado do outro. É um ritmo maravilhoso! Estar com o outro cria em você um desejo profundo de permanecer sozinho. Você pode perguntar aos que amam – todos eles sentem aquele desejo de permanecer sozinhos surgindo algumas vezes. Mas têm receio de ficar sozinhos porque pensam que isso irá contra o amor e o que o parceiro dirá? A outra pessoa pode sentir-se ofendida. Portanto eles fingem – muito embora desejem ficar sozinhos, queiram seu próprio espaço, finjam e continuem juntos. Esse fingimento destrói o amor. E torna seu relacionamento falso.

Quando você se sentir solitário, com todo respeito, com todo amor, diga ao outro: "Um grande desejo de permanecer só está surgindo em mim e tenho de satisfazê-lo – não há possibilidade de escolha. Peço que não se sinta ofendido. Isso nada tem a ver com você; trata-se simplesmente de meu próprio ritmo interno".

E isso também ajudará o outro a ser autêntico e verdadeiro com você. E, lentamente, se você de fato ama alguém, os ritmos começam a juntar-se em uma comunhão e esse é o milagre, é a mágica do amor. Se houver um amor genuíno entre duas pessoas, esse resultado será inevitável. Ambas começarão a compreender que o desejo de estarem juntas e o desejo de estarem separadas surgem nas mesmas ocasiões. Elas se tornarão um ritmo: algumas vezes aproximar-se e permanecer juntos e dissolver-se entre si, esquecendo tudo a respeito de si mesmas; e então algumas vezes emergindo um do outro, deslocando-se, retirando-se, afastando-se em seus próprios espaços, tornando-se suas próprias personalidades – tornando-se meditadoras.

Não há escolha entre meditação e amor. Ambos precisam ser vivenciados em seu próprio ritmo. E não importa o que esteja surgindo em você, seja qual for o anseio mais profundo do momento, fique com ele.

aceite os altos e baixos

Uma pessoa tem de aceitar melhor os altos e baixos da vida. Há um ritmo: algumas vezes você sentirá que está sintonizado, outras, julgará que não está, isso é natural. É como o dia e a noite, o verão e o inverno. Uma pessoa tem de aprender a parte obscura de tudo. Se você não consegue aceitar a parte obscura, você se torna desnecessariamente perturbado e essa perturbação tornará as coisas mais complicadas.

Quando acontecer algo bonito, aceite, sinta-se agradecido; quando não acontecer, também aceite e continue a sentir-se agradecido, sabendo que esse é apenas um período intermediário. Durante todo o dia você trabalhou e à noite adormece – não se sinta infeliz por não ser capaz de trabalhar, ganhar dinheiro e fazer mil e uma coisas ao mesmo tempo e porque há tantas coisas para fazer. Não se preocupe com isso!

Existem pessoas que realmente se preocupam. Por isso começam a perder o sono, o que não as beneficia. A pessoa incapaz de dormir à noite sente-se exausta na manhã seguinte. A pessoa que esquece o dia completo e aceita a noite como um repouso, adotando um relaxamento profundo, será capaz de viver novamente na manhã com novos olhos e um novo ser.

Lembre-se sempre de que tudo tem seu período de repouso. E esse período não vai contra a atividade; o período de repouso lhe infunde energia, vitalidade e nova vida.

não lute com sua natureza

O psicólogo Hans Selye trabalhou durante toda vida focalizando apenas um problema – o estresse. E chegou a conclusões muito profundas. Uma é que o estresse nem sempre é ruim; ele pode ser usado de maneira admirável. Não é necessariamente negativo – e, se pensarmos que é sempre negativo, isso não será bom e então geraremos problemas. O estresse em si pode ser usado como um apoio, pode tornar-se uma força criativa. Porém, fomos ensinados, em geral, que o estresse é ruim, de tal maneira que, ao ser submetido a qualquer tipo de estresse, você se torna receoso. E seu receio o torna até mais estressado; a situação não é ajudada pelo receio.

Por exemplo, talvez os problemas econômicos estejam gerando estresse. No momento em que você sentir que há alguma tensão, algum estresse, você passa a receá-lo. Diz a si mesmo: "Tenho de relaxar". Bem, tentar relaxamento não ajudará, porque você não consegue relaxar; na realidade tentar o relaxamento criará um novo tipo de estresse. O estresse está presente e você está tentando relaxar e não consegue, portanto está aumentando o problema.

Quando houver o estresse, use-o como energia criativa. Primeiro, aceite-o; não há necessidade de lutar com ele. Aceite-o, isso é perfeitamente correto. Ele apenas diz: "Há problemas econômicos, algo está dando errado, você pode fracassar". O estresse é tão-só uma indicação de que o corpo está se preparando para enfrentar a situação. Se você tenta relaxar ou toma comprimidos para a dor ou tranqüilizantes, está agindo contra o corpo.

O corpo está ficando pronto para lidar com uma certa situação, um certo desafio que existe nele. Aproveite o desafio! Mesmo que você algumas vezes não consiga dormir à noite, não há necessidade de ficar preocupado. Use a energia que surge do estresse: ande, corra, faça uma caminhada longa. Planeje o que deseja fazer, o que a mente quer fazer. Em vez de tentar adormecer, o que não é possível, use a situação de modo criativo. A mente apenas está dizendo que o corpo está pronto para enfrentar um problema; essa não é a ocasião para relaxar. O relaxamento pode ocorrer posteriormente.

Na realidade, se você vivenciou integralmente seu estresse, alcançará, de modo automático, o estado de relaxamento; você só pode ir até esse ponto e então o corpo relaxa automaticamente. Se quer relaxar no meio, cria problemas; o corpo não consegue relaxar no meio. É o mesmo que se um corredor nas Olimpíadas estivesse se preparando, apenas esperando pelo sinal de largada para partir e correr como o vento. Ele está pleno de estresse; essa não é a ocasião para relaxar. Se tomar um tranqüilizante, ele não terá vez no certame. Ou, se relaxar e tentar fazer uma Meditação Transcendental, perderá. Ele tem de usar seu estresse: o estresse está em ebulição, está reunindo energia. Está se tornando cada vez mais vital e pleno de potencial. Ele deve permanecer com seu estresse e usá-lo como energia, como combustível.

Selye atribuiu uma nova designação a esse tipo de estresse: ele o denomina "eustresse" – como euforia. É um estresse positivo. Depois que o atleta chegar ao fim da corrida, ele entrará em sono profundo; o problema está resolvido. Agora não há problema, o estresse desaparece espontaneamente.

Portanto, tente isso também: quando houver uma situação estressante não perca o contato com a realidade, não a receie. Um ser humano possui muita energia e quanto mais você usá-la, mais obterá dela.

Quando ocorrer uma situação estressante, lute – faça tudo o que puder, mergulhe nela com todo esforço. Permita-a, aceite-a e a acolha. O estresse é bom, ele o prepara para a luta. E quando o suplantar, você ficará surpreso: surge um grande relaxamento, e esse relaxamento não é criado por você. Talvez você não consiga dormir durante dois ou três dias, mas, depois, não conseguirá despertar por 48 horas, e isso é bom!

Permanecemos com muitas noções erradas – por exemplo, que toda pessoa tem de dormir oito horas por dia. Isso depende da situação. Há ocasiões em que não há necessidade de sono: sua casa está pegando fogo e você está tentando dormir. Nesse momento isso não é possível e não deveria ser possível, caso contrário quem apagaria o fogo? E quando a casa está se incendiando, todos os demais aspectos são postos de lado; repentinamente seu corpo está pronto para combater o fogo. Você não ficará com sono.

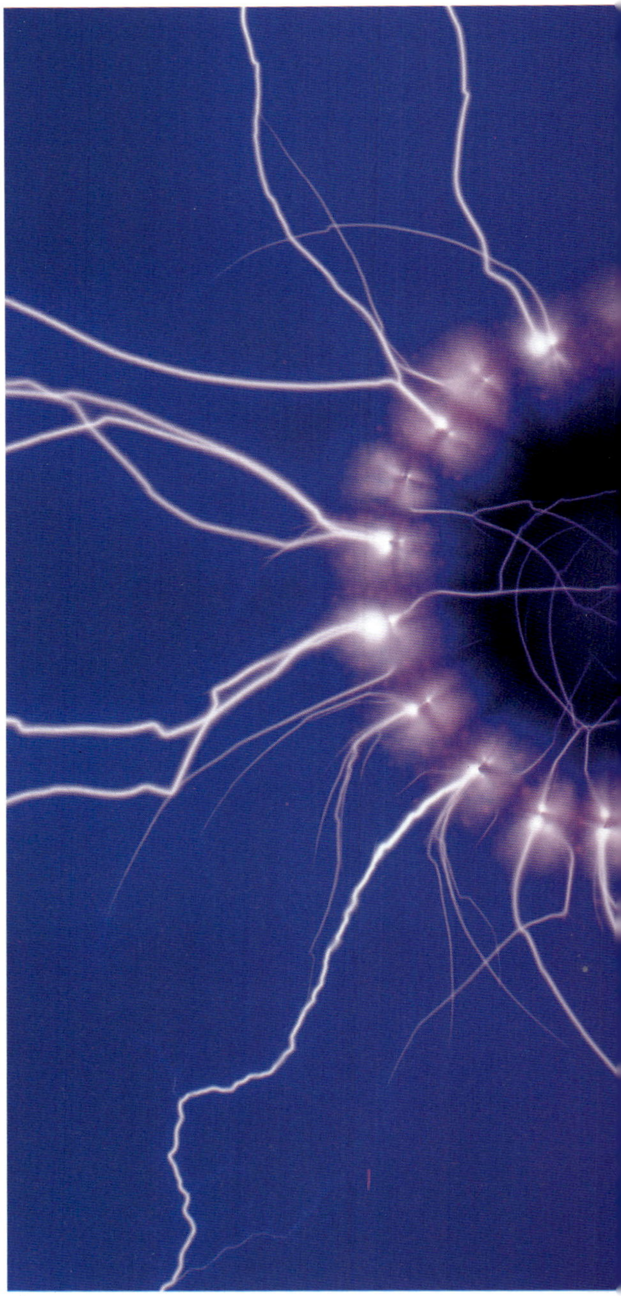

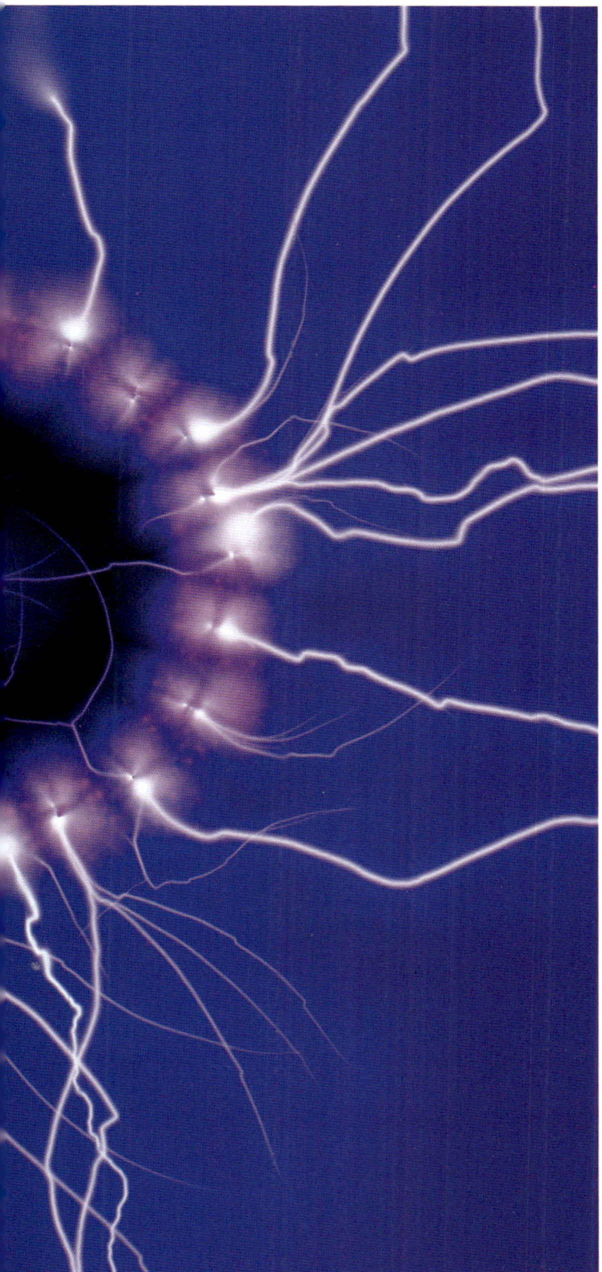

Quando o incêndio terminar, você poderá adormecer por um longo período e isso será suficiente.

As pessoas também não necessitam todas do mesmo número de horas de sono. Para algumas poucas, duas, três ou quatro horas, cinco horas são suficientes; outras precisam de seis, oito, dez, doze horas.

As pessoas diferem, não há uma norma. E também sentem o estresse de modo diferente.

Há dois tipos de pessoas no mundo: um pode ser denominado tipo cavalo de corrida e o outro tipo, tartaruga. Se o tipo cavalo de corrida não puder atuar com rapidez, enfrentar os desafios com ligeireza, sofrerá de estresse; precisa agir de acordo com seu ritmo. Portanto, se você for um cavalo de corrida, esqueça o relaxamento e coisas do gênero – elas não são para você. Elas são para as tartarugas! Seja simplesmente um cavalo de corrida se isso for natural para você e não pense nas alegrias que as tartarugas estão vivenciando – elas não são para você. Você tem um tipo diferente de alegria. Se uma tartaruga começar a se tornar um cavalo de corrida, ela enfrentará o mesmo problema!

Portanto, aceite sua natureza. Se você for um lutador, um guerreiro, terá de agir desse modo e essa é a sua satisfação. Não há necessidade de ter receio, desempenhe esse papel com todo coração. Concorra no mercado, faça tudo o que você realmente deseja fazer. Não tenha receio das conseqüências e aceite o estresse.

Uma pessoa tem de compreender o próprio tipo. Uma vez entendido o tipo, não há problema; então a pessoa pode seguir uma linha bem demarcada.

procure o retorno

Se você constatar que continua a criar infelicidade para si mesmo, precisa obter algo dessa situação, caso contrário, por que criaria infelicidade? Algumas vezes a infelicidade pode trazer-lhe enormes benefícios. Você pode não estar ciente, pode não ter consciência deles, portanto continua pensando: "Por que ainda crio infelicidade?". E você não está consciente de que sua infelicidade lhe está proporcionando algo que deseja.

Por exemplo, sempre que você se mostra infeliz, as pessoas revelam-se simpáticas a você. Se se mostra infeliz, seu parceiro aproxima-se e coloca a mão em sua cabeça, lhe faz um carinho, torna-se muito amoroso, presta atenção em você. Quando sentir infelicidade, haverá muitos benefícios.

Apenas olhe ao redor. Pela manhã as crianças começam a sentir dor de estômago assim que a perua escolar chega e elas precisam ir à escola. E você sabe disso! Você sabe por que alguém sente dor de estômago. Mas a mesma coisa acontece com você. Pode ser um pouco mais sofisticado, mais dissimulado, mais racionalizado, porém é a mesma situação.

Quando as pessoas começam a ter fracassos em sua vida, passam a sofrer de pressão alta, ter ataques cardíacos e todos os tipos de problemas, os quais são racionalizações. Você já percebeu? Ataques cardíacos e pressão alta ocorrem freqüentemente em torno dos 42 anos. Por que perto dos 42 anos? Uma pessoa saudável torna-se repentinamente vítima de um ataque cardíaco.

Aos 42 anos de idade a vida chega a uma certa conclusão, não importando se você fracassou ou triunfou. Porque além dos 42 anos não há muita esperança: se você ganhou dinheiro, o conseguiu até agora, porque os dias de maior energia e poder passaram. A idade de pico é 35. Você pode ter mais sete anos; na realidade, você já começou a descer a montanha há sete anos. Porém, fez tudo que podia. E agora chegou a idade, 42 anos, e você constata repentinamente que fracassou.

Por isso, precisa de alguma racionalização... um ataque cardíaco advém imediatamente. Essa é uma grande dádiva, uma bênção de Deus. Agora você pode cair na cama e dizer: "O que posso fazer? O ataque cardíaco perturbou tudo. No momento em que tudo corria bem, quando eu estava prestes a ter sucesso, obter uma boa reputação ou ganhar dinheiro, tive esse ataque cardíaco". Então o infarte é uma bela camuflagem; agora ninguém pode dizer que você está errado, que não se esforçou, que não é suficientemente inteligente. Ninguém pode dizer algo parecido. Agora as pessoas terão simpatia por você; todas serão bondosas e dirão: "O que você pode fazer? É o destino".

A infelicidade é escolhida continuamente porque lhe proporciona algo e você tem de observar o que ela está lhe dando – só então pode abandoná-la. Você precisa observar em profundidade o que a infelicidade lhe proporciona; caso contrário, não conseguirá abandoná-la. Você não consegue abandonar

Se as prisões fossem locais maravilhosos, quem desejaria sair delas?

a infelicidade a não ser que desista dos benefícios.

Se as prisões fossem locais maravilhosos, quem desejaria sair delas? E se você não estiver tentando escapar de sua prisão, olhe novamente... deve haver algo que o mantém lá – um chão totalmente acarpetado, televisão em cores, ar-condicionado, quadros maravilhosos. Não há barras nas janelas, ninguém o vigia – você tem um sentido completo de liberdade! Portanto, por que tentaria escapar desse lugar? A pergunta diz respeito a como permanecer!

Veja novamente sua infelicidade; não a condene desde o princípio. Se condená-la desde o início, não será capaz de vigiar, não será capaz de observar. Na realidade, nem sequer a chame de infelicidade, porque nossas palavras têm conotações. Quando você denominá-la infelicidade, já a terá condenado; e quando condena algo, você se fecha para esse algo, não o vê mais. Denomine-a XYZ – isso faz pouca diferença. Chame-a de X, seja qual for a situação, seja um pouco matemático – chame-a de X e então a analise e observe o que é, quais são seus benefícios, quais são as principais razões para você continuar criando-a, por que se apega a ela. E ficará surpreso: o que estiver chamando de infelicidade contém muitas coisas que o agradam. E, a não ser que tenha observado isso e observado as coisas que o agradam a esse respeito, você não será capaz de mudar algo. Há então duas possibilidades.

Uma é parar de pensar em se livrar desse padrão – essa é uma possibilidade, porque os benefícios são tão grandes que você os aceita. E aceitar o padrão é uma transformação. A segunda possibilidade é perceber que sua infelicidade é criada por você mesmo, por seus desejos inconscientes, e esses desejos são estúpidos. Observando toda a estupidez da situação, você não a suporta mais. Ela desaparece espontaneamente. Essas são as duas possibilidades: seu apoio desaparece e a infelicidade se evapora, ou você simplesmente a aceita porque aprecia tudo que ela lhe traz, você a acolhe – e nesse acolhimento, a infelicidade desaparece novamente!

Esses são os dois lados da mesma moeda. Mas a compreensão é necessária, a compreensão integral de sua infelicidade – e então você pode ser transformado. Ou você retira tudo dessa compreensão, ou aceitará tudo. Essas são as duas maneiras, a negativa e a positiva, para que ocorra a transformação.

procure o que muda, dê valor ao que não muda

De certo modo todos os dias são iguais. Como poderia ser de outra maneira? O mesmo sol, o mesmo sol nascendo toda manhã e o mesmo pôr-do-sol – mas, se você observar cuidadosamente, já viu alguma vez duas manhãs com o nascer do sol exatamente igual? Você já observou as cores do céu? Já viu alguma vez as formações de nuvens em torno do sol?

O sol não nasce duas vezes de forma exatamente igual; não há um pôr-do-sol exatamente igual a outro. O mundo é uma continuidade descontínua – descontínua porque a todo o momento algo novo está acontecendo e, no entanto, contínua porque não é absolutamente nova. O mundo é conectado. Portanto, é verdade que não há nada de novo sob o sol e, ao mesmo tempo, não existe nada de velho sob o sol. Ambas as afirmações são verdadeiras.

Nada é novo e nada é velho. Tudo prossegue mudando e, no entanto, de certo modo permanece o mesmo, e, contudo, continua mudando. Essa é a beleza, o mistério, o segredo. Você não consegue reduzi-lo a uma fórmula; não pode dizer que é a mesma coisa, não pode dizer que não é a mesma coisa. Você não pode reduzir a vida em suas categorias; os rótulos simplesmente não têm valor. Quando se trata da vida, você tem de desistir de todos os rótulos e de todas as categorias. A vida é maior que as categorias, ela é transcendental para todas as categorias. Ela é tão vasta a ponto de você não poder encontrar seu começo ou seu fim.

Tudo continua a mudar; no entanto, de algum modo permanece igual...

Ontem eu estava aqui, porém não sou mais o mesmo. Como posso ser? Nesse intervalo, muita água fluiu no Ganges. Estou 24 horas mais velho, 24 horas de experiência me foram agregadas, 24 horas de conscientização. Estou mais rico: não sou o mesmo – a morte aproximou-se um pouco mais. Você também não é o mesmo e, no entanto, eu pareço o mesmo e você parece o mesmo.

Você pode compreender o argumento. O que desejo afirmar, quando digo que a vida é um mistério, consiste em: você não consegue classificá-la, não pode dizer definitivamente que ela é de tal modo. No momento em que afirmá-lo, você se tornará imediatamente consciente de que a vida o contradisse.

As árvores são as mesmas que eram ontem? Muitas folhas caíram, muitas folhas novas cresceram. Muitas flores feneceram, muitas folhas ergueram-se mais alto. Como podem ser as mesmas? Veja, hoje os pássaros não estão cantando. Está tão silencioso. Ontem os pássaros estavam cantando. Era um silêncio diferente, pleno de canções. O silêncio de hoje é diferente, ele não é pleno de canções. Até mesmo o vento não está soprando – tudo parou. Ontem havia um vento forte. Hoje as árvores estão meditando; ontem elas estavam dançando. Não pode ser o mesmo, e, contudo, é o mesmo.

Isso depende de você – o jeito como você encara a vida. Se a encara como se fosse a mesma, você ficará entediado. Não transfira sua responsabilidade para outra pessoa. É seu ponto de vista. Caso diga que é a mesma, então ficará entediado. Se você observar a mudança constante, como um fluxo, o grande movimento parecido com um redemoinho em torno de toda a sua pessoa, o dinamismo da vida, cada momento em que o velho desaparece e o novo aparece – se você pode ver o nascimento contínuo –, ficará encantado e emocionado. Sua vida não será entediante. Você estará pensando continuamente: "O que vem em seguida?". Não ficará apático. Sua inteligência permanecerá aguçada, viva e jovem.

Então depende do que você deseja. Se quiser tornar-se como uma pessoa morta, estúpida, apática, melancólica, triste e entediada, então acredite que a vida é a mesma. Se quiser tornar-se jovem e consciente, bem-disposto, radiante, então acredite que a vida é nova a cada momento.

O filósofo grego Heráclito afirmou: "Você não entra duas vezes no mesmo rio".

Você não pode encontrar a mesma pessoa duas vezes e não pode ver o mesmo nascer do sol duas vezes. Depende de você. E se me compreende, direi não escolha. Se escolher a idéia de que tudo é velho, você se torna velho. Se escolher que tudo é jovem e novo, torna-se jovem. Se me compreende, digo para não

Algo novo, ocorrendo constantemente, o torna vivo...

escolher; veja que ambos são verdadeiros. Então você transcende todas as categorias, não é nem velho, nem jovem. Torna-se eterno, e fica parecido com um deus, se torna como a própria vida.

Se você acreditar que tudo é o mesmo, então ficará entediado. A repetição o matará. Para ser alerta e viva, uma pessoa precisa de algo que não seja repetitivo. Algo novo, ocorrendo constantemente, a torna viva, a mantém viva e alerta.

Você já observou um cachorro sentado silenciosamente? Uma pedra está bem em frente dele; ele não ficará preocupado. Porém deixe que a pedra comece a se mover. Simplesmente prenda uma pequena linha à pedra e puxe-a, e o cão saltará. Ele começará a latir. O movimento o torna esperto; e toda apatia desaparece. Ele não permanece mais sonolento. Não sonha mais com os olhos abertos. Apenas deixará de ficar entorpecido. Algo mudou.

A mudança proporciona-lhe movimento, mas a mudança constante também pode ser muito perturbadora. A mesmice constante pode ser mortificadora, do mesmo modo que, analogamente, a mudança constante pode desenraizá-lo.

Isso está ocorrendo no Ocidente; as pessoas estão sempre mudando sua vida. Os estatísticos afirmam que nos Estados Unidos o limite médio de uma pessoa em um emprego é de três anos. As pessoas estão mudando de emprego, mudando de cidade, mudando de cônjuge, tentando mudar tudo – trocando seu carro todo ano, sua casa –, seus valores se alteraram. Na Inglaterra eles fabricam o Rolls-Royce. A idéia é de que dure para sempre, pelo menos o período de uma vida. Na América fazem carros bonitos, porém a durabilidade não é uma qualidade com a qual se preocupar porque quem ficará com um carro durante toda a vida? Caso dure um ano, isso é suficiente. Quando o norte-americano vai adquirir um carro, não se preocupa com a durabilidade; pergunta sobre o valor de revenda. Os norte-americanos vivem em um mundo em mudança – tudo está mudando –, porém eles perderam suas raízes.

Eu sempre ficava surpreso quando voltava a meu vilarejo na Índia. A primeira coisa que eu via era que lá o tempo permanecia parado. Tudo parece ser eternamente o mesmo. Contudo, as pessoas têm raízes. Elas são apáticas, mas são muito enraizadas. Sentem-se muito bem, são felizes. Não são alienadas. Não se sentem como estranhos. Como podem sentir-se estranhas quando tudo é tão familiar? Quando nasceram a vida era a mesma; quando morrerem, será a mesma. Tudo é tão estável. Como você pode sentir-se um estranho? Toda a cidade é parecida com uma pequena família.

Na América tudo está desenraizado. Ninguém conhece o lugar a que pertence. O próprio sentido de pertencer está perdido. Se você perguntar a alguém "A que lugar você pertence?", ele dará de ombros – porque esteve em tantas cidades, em tantas faculdades, em tantas universidades. Ela nem sequer está certa de quem é, porque a identidade é muito vaga, fluida. De certo modo isso é bom porque a pessoa permanece esperta e viva, mas as raízes se foram.

Ambas as coisas foram tentadas: estabilidade, enraizamento, nada novo sob o sol – tentamos isso no passado, durante muitos séculos.

Isso enferrujou a mente humana. As pessoas sentiam-se bem, mas não estavam muito alertas. Então na América, algo novo aconteceu e está se espraiando por todo o mundo, porque a América é o futuro do mundo. Tudo o que estiver acontecendo lá acontecerá em todo lugar, mais cedo ou mais tarde. A América indica a tendência. Agora as pessoas estão muito alertas, mas sem raízes e não conhecem o lugar a que pertencem. Tem surgido um grande desejo de pertencer. Um grande desejo de fincar raízes em algum lugar, ter alguém e pertencer a alguém: algo durável, estável, algo como um centro – porque as pessoas estão se movendo como rodas e parece não haver descanso. E isso é muito estressante, mudando continuamente. E a mudança acelera-se todo dia, tornando-se cada vez mais rápida. Tudo se encontra em tal fluxo de agitação e caos, que as pessoas se sentem profundamente estressadas, sob grande pressão e tensão.

Ambas têm seus benefícios e seus estigmas. Entre essas duas orientações deve ser feita uma síntese. Uma pessoa deve estar consciente de que a vida reúne o velho e o novo, simultaneamente – velho porque todo o passado é presente no momento atual; novo porque todo o futuro é potencialmente presente no momento atual. O momento atual é uma culminação de todo o passado e o início de todo o futuro. Neste momento tudo o que aconteceu encontra-se oculto e tudo o que irá acontecer também está oculto. Cada momento é passado e futuro ao mesmo tempo, uma convergência de passado e

futuro. E algo é velho e algo é novo e se você conseguir perceber ambos juntos, terá perspicácia e raízes juntas. Ficará à vontade, sem nenhum estresse. Não ficará apático e estará muito consciente e alerta.

Ouvi a seguinte história:

A sra. MacMahon ficou louca de raiva uma tarde. Quebrou todos os pratos e xícaras e reduziu sua cozinha, normalmente impecável, a um estado lastimável. A polícia chegou e a levou à instituição de doentes mentais da cidade. O psiquiatra-chefe mandou chamar seu marido.

"O senhor sabe de alguma razão", perguntou, "para sua mulher perder a cabeça repentinamente?"

"Estou tão surpreso quanto o senhor", respondeu o sr. MacMahon. "Não posso imaginar o que lhe aconteceu. Ela sempre foi uma mulher muito tranqüila e esforçada. Ora, há vinte anos que ela não sai da cozinha!"

Está claro por que a sra. MacMahon ficou furiosa. É tão simples como "dois mais dois são quatro". Se durante vinte anos uma pessoa não saiu da cozinha, isso é enlouquecedor. Mas o oposto também é. Se você não esteve em sua casa por vinte anos e tornou-se apenas um viajante, sempre mudando e nunca chegando a lugar nenhum, sempre chegando, mas nunca chegando a um lugar permanente; se se tornou um cigano e não tem um lar, então você também começará a sentir-se enfurecido.

Ambas as situações são perigosas se consideradas separadamente. Se consideradas juntas, tornam a vida muito rica. Todas as polaridades tornam a vida rica: yin e yang, homem e mulher, escuridão e luz, vida e morte, Deus e Diabo, santo e pecador. Sem polaridades a vida torna-se monótona. Não escolha uma vida monótona. Torne-se mais rico.

terceira parte

relacionando a partir do centro

Todos os relacionamentos são como um espelho. Você enxerga sua face no espelho do ser da outra pessoa. É muito difícil ver sua própria face diretamente – você precisará do outro, do espelho, para ver sua própria face. E onde você pode encontrar um espelho melhor do que nos olhos do outro?

Olhe algumas vezes nos olhos de seu inimigo e verá uma faceta de seu ser. Olhe algumas vezes nos olhos de seu amado, de seu amigo, e verá outra faceta de seu ser. Olhe nos olhos de uma pessoa indiferente e ainda verá uma outra faceta de seu ser. Reúna todas essas facetas – elas são suas, ão aspectos diferentes de seu ser. Em situações diferentes, com pessoas diferentes, em mundos diferentes, mova-se... e reúna toda essa riqueza, percepção, estado de alerta e conscientização. Retorne então para o centro, leve toda essa percepção com você e sua meditação será mais profunda e mais rica.

convivendo com os outros: as regras e como desobedecê-las

Todos nascem livres, porém morrem cativos. O começo da vida é totalmente vago e natural, mas então entra a sociedade e as regras, os regulamentos, a moralidade, a disciplina e muitos tipos de treinamento, e o desprendimento e a naturalidade e o ser espontâneo se perdem. A pessoa começa a proteger-se com um tipo de armadura. Ela começa a se tornar cada vez mais rígida. A suavidade interna não está mais visível.

Na fronteira do ser, uma pessoa cria um fenômeno parecido com um forte, para defender-se e não se tornar vulnerável, para reagir, para criar proteção e segurança. A liberdade de existir é perdida. A pessoa começa a olhar nos olhos dos outros.

A aprovação, a negação, a condenação ou a apreciação deles tornam-se cada vez mais valiosas. Os outros passam a ser o critério e a pessoa começa a imitar e a seguir os demais.

Uma pessoa tem de conviver com outras – e uma criança é muito flexível, pode ser moldada de qualquer modo; a sociedade começa moldando-a – os pais, os professores, a escola – e logo ela se torna uma personalidade em vez de um ser. Ela aprende todas as regras. Torna-se conformista ou rebelde; ambos um tipo de servidão. Se ela se tornar conformista, ortodoxa, "quadrada", esse é um tipo de servidão. Ao contrário, ela pode reagir, tornar-se hippie e partir para o outro extremo, mas esse também é um tipo de servidão, porque a reação depende da mesma coisa contra a qual reage. Você pode ir para o canto oposto, porém, bem no fundo da mente, está se rebelando contra as mesmas regras. Outros as estão obedecendo, você está reagindo a elas, porém o foco permanece nas mesmas regras. Reacionários ou revolucionários, todos navegam no mesmo barco. Eles podem ficar frente a frente, uns de costas para os outros, mas o barco é o mesmo.

Uma pessoa centrada não é reacionária, nem revolucionária. Uma pessoa centrada é desprendida e natural; não é nem a favor, nem contra algo, é apenas ela mesma. Não tem regras às quais obedecer, nem regras para desacatar. Ela simplesmente não tem regras. Uma pessoa centrada é livre em seu próprio ser, não é moldada por hábitos e condicionamentos. Ela não é um ser

Uma pessoa centrada é desprendida e natural... é simplesmente ela mesma.

“refinado” – não que seja incivilizada e primitiva, ela é o mais elevado florescimento da civilização e da cultura, porém não é uma pessoa refinada. Aumentou sua conscientização e ela não precisa de regras, pois as transcendeu. É verdadeira não por existir uma regra para ser verdadeira. Porém, sendo desprendida e natural, é simplesmente verdadeira; acontece apenas de ser verdadeira. Ela tem compaixão, não por seguir um preceito de ser compassiva. Sendo desprendida e natural, apenas sente a compaixão fluindo ao redor. Isso não é deliberado, é tão-só um subproduto de sua percepção amadurecida. Ela não é contra a sociedade, nem a favor – simplesmente está além dela. Tornou-se de novo uma criança, uma criança de um mundo totalmente desconhecido, uma criança em uma nova dimensão – ela renasce.

Toda criança nasce natural e desprendida; então vem a sociedade – e passa a atuar por determinadas razões. Não há nada de errado nisso, porque, se a criança é deixada por sua própria conta, nunca crescerá e se tornará semelhante a um animal. A sociedade tem de atuar; a sociedade tem de ser experimentada – isso é necessário. A única coisa para se lembrar é de que ela só constitui uma passagem a ser percorrida. Uma pessoa não deve radicar-se nela. A sociedade tem de ser seguida e depois transcendida; as regras devem ser aprendidas e depois desaprendidas.

As regras entrarão em sua vida porque existem outras pessoas. Você não está sozinho. A criança no útero materno está

totalmente só, as regras não são necessárias, não há moralidade, disciplina e ordem. As regras chegam só quando o "outro" entra na vida de uma pessoa; as regras são estabelecidas com os relacionamentos – porque você não está sozinho, você tem de pensar nos outros e levá-los em conta. No momento em que a criança nasce, mesmo o primeiro ar que respira é social. Se a criança não chorar, os médicos a forçarão imediatamente, porque, caso não chore durante alguns minutos, estará morta. Ela tem de chorar porque o choro abre a passagem pela qual ela será capaz de respirar, desimpedindo a garganta. Ela tem de ser forçada a chorar porque outros estão presentes e a moldagem teve início.

Não há nada de errado nisso. Isso tem de ser feito, porém de tal modo que a criança nunca perca sua percepção nem se identifique com o padrão refinado, mas permaneça livre na profundidade de seu ser, saiba que as regras devem ser obedecidas mas que não são para toda a vida e saiba também que ela tem de ser ensinada. E isso é o que uma boa sociedade ensinará: "Essas regras são boas porque você tem de conviver com as demais pessoas, porém não são absolutas. Não se espera que você permaneça limitado por elas – um dia você deve transcendê-las". Uma sociedade é boa caso ensine a seus membros a civilização e a transcendência.

Você tem de ouvir os outros até um certo ponto e então deve começar a ouvir a si mesmo. No final, deve retornar ao estado original. Antes de morrer precisa tornar-se novamente uma criança inocente – desprendida e natural, porque na morte você

entra mais uma vez na dimensão de estar só. Do mesmo modo que você estava no útero, na morte entrará de novo no reino da solidão, onde não há sociedade. E em toda sua vida você precisa encontrar alguns espaços em sua vida, alguns momentos como oásis no deserto, quando você simplesmente fecha seus olhos e vai além da sociedade, volta-se para si mesmo, em seu próprio útero – esse é o significado da meditação. A sociedade está presente; você apenas fecha seus olhos, esquece a sociedade e torna-se sozinho. Ali não há regras, nenhuma personalidade é necessária, nenhuma moralidade, nenhuma palavra, nenhuma linguagem. Você pode ser desprendido e natural em seu interior.

Amplie essa condição de desprendimento e naturalidade. Mesmo que haja necessidade de disciplina exterior, você pode permanecer indomado em seu interior. Se uma pessoa pode permanecer indomada no interior e ainda praticar o que é necessário na sociedade, então logo ela pode chegar ao ponto da transcendência.

...todos o estão influenciando ...para escolher outra direção...

Vou contar-lhe uma história;
uma história sufi.

Um ancião e um jovem viajam com um burrico. Eles chegam perto de uma cidade e estão caminhando com seu burrico.

Alunos de uma escola passam por eles, riem baixinho e dizem: "Vejam esses tolos: possuem um burrico saudável e estão caminhando. Pelo menos o ancião poderia sentar-se no burrico".

Ouvindo essas crianças, o ancião e o jovem se perguntam: "O que devemos fazer? As pessoas estão rindo e logo entraremos na cidade, portanto é melhor acatar o que estão dizendo". Então o ancião senta-se no burrico e o jovem o segue a pé.

Em seguida, eles se aproximam de um outro grupo de pessoas que os observam e dizem: "Vejam! O ancião está sentado no burrico e o pobre menino está caminhando. Isso é um absurdo! O ancião pode caminhar, porém o menino deveria sentar-se no burrico". Então eles trocam de lugar; o ancião começa a caminhar e o menino senta-se no burrico.

Chega então um outro grupo e diz: "Vejam esses tolos. Este menino parece ser muito arrogante. Talvez o ancião seja seu pai ou seu professor, porém o ancião está caminhando e o jovem está sentado no burrico – isso é contra todas as regras!".

Então o que eles deveriam fazer agora? Decidem que só há uma possibilidade – devem ambos sentar-se no burrico, e o fazem. Então chegam mais algumas pessoas e dizem: "Vejam essas pessoas, tão violentas!
O pobre burrico está quase morrendo.
Duas pessoas em um burrico? Seria melhor levar o burrico nos ombros".

Portanto os dois homens discutem novamente e percebem então que estão se aproximando do rio e da ponte. Agora quase chegaram à divisa da cidade e decidem: "É melhor proceder como dizem as pessoas desta cidade, caso contrário pensarão que somos tolos". Pegam então um pedaço de bambu e levam em seus ombros as pernas atadas do burrico, o amarram ao bambu e o carregam. O burrico tenta rebelar-se, conforme os burricos fazem (eles não podem ser forçados muito facilmente). Ele tenta escapar porque não acredita na sociedade e no que os outros dizem. Porém, os dois homens são muito fortes e o burrico acaba desistindo.

Bem no meio da ponte passam algumas pessoas, que se agrupam dizendo: "Vejam, que tolos! Nunca vimos idiotas assim – um burrico existe para levar pessoas e não para ser carregado nos ombros.
Eles enlouqueceram?".

Escutando-os – é uma grande multidão – o burrico torna-se inquieto a ponto de pular, libertando-se, e cair no rio. Ambos os homens descem até o rio. O burrico está morto.

Eles se sentam na margem do rio e o ancião diz: "Agora escute...".

Essa não é uma história comum – o ancião era um mestre sufi, uma pessoa com conhecimento e o jovem era um discípulo. O velho mestre estava tentando transmitir-lhe uma lição, porque os sufis sempre criam situações; eles afirmam que, a não ser que exista a situação real, você não consegue aprender a lição corretamente. Portanto, esse era apenas um cenário para o jovem. O ancião disse: "Veja – de modo análogo a esse burrico, você morrerá se levar muito em conta a opinião das pessoas. Não se preocupe com o que os outros dizem, porque existem milhões de pessoas e elas têm suas próprias mentes e todas dirão algo diferente; toda pessoa tem suas opiniões e, se você escutá-las, será seu fim".

Não escute todos, permaneça você mesmo. Simplesmente não preste atenção aos demais, seja indiferente. Se continuar escutando a todos, eles o estarão influenciando para optar por um ou por outro caminho. Você nunca será capaz de atingir seu centro mais interior.

Toda pessoa se tornou excêntrica. Esta palavra é muito bonita: significa fora do centro e a utilizamos para descrever pessoas malucas. Porém todos são excêntricos, fora do centro. E todo mundo o está ajudando a tornar-se excêntrico porque todos o estão influenciando. Sua mãe o está influenciando em direção ao norte, seu pai, em direção ao sul; seu tio está lhe dizendo uma coisa, seu irmão, algo diferente. Sua mulher, evidentemente, o está influenciando para ir em outra direção – todos estão tentando forçá-lo a ir em determinada direção. Em breve surge um momento em que você não está em nenhum lugar. Permanece apenas nos cruzamentos, sendo empurrado de norte a sul, de sul para leste, do leste para oeste, movendo-se para lugar nenhum. Logo isso se torna toda sua vida - você se torna excêntrico. Essa é a situação. E se você continuar escutando os outros e não seu centro mais íntimo, essa situação continuará.

A finalidade de toda meditação consiste em tornar-se centrado e não em ser excêntrico – chegar a seu próprio centro.

Escute sua voz interior, sinta-a e vá adiante com esse sentimento. Logo você será capaz de rir da opinião dos outros ou simplesmente permanecer indiferente. E, após tornar-se centrado, você se transforma em um ser poderoso; então ninguém consegue influenciá-lo, ninguém pode empurrá-lo em direção a algo – simplesmente ninguém ousa. Você tem um tal poder, centrado em si mesmo, que qualquer pessoa que emita uma opinião a seu respeito simplesmente esquece a opinião que tem quando estiver próxima de você. Toda pessoa que chega para lhe indicar um caminho simplesmente esquece que veio para influenciá-lo. Mas tão logo ela se aproxime de você, começa a sentir-se dominada por sua pessoa.

É assim que uma única pessoa pode se tornar tão poderosa a ponto de toda a sociedade, toda a História, não conseguir movê-la sequer um centímetro. É por isso que existe Buda, Jesus. Você pode matar Jesus, mas não pode movê-lo. Você pode destruir seu corpo, porém não consegue movê-lo sequer um centímetro. Não que a pessoa seja inflexível ou teimosa, não; ela apenas está centrada em seu próprio corpo. Sabe o que é bom para ela e o que lhe traz alegria. Isso já aconteceu; agora você não consegue seduzi-la para novas metas; nenhuma arte de convencimento pode influenciá-la para ter qualquer outra meta. Ela encontrou seu lar. Pode escutá-lo pacientemente, porém você não consegue demovê-la. Ela é centrada.

Esse posicionamento central é o primeiro passo para você se tornar natural e desprendido; sem ele, caso você seja natural e desprendido, toda pessoa pode levá-lo a qualquer lugar. É por esse motivo que as crianças não têm permissão para ser naturais ou livres; elas não são suficientemente maduras para ser desse modo. Caso sejam naturais e desprendidas e andem sem destino, sua vida será desperdiçada. Portanto, afirmo que a sociedade faz um trabalho necessário; protege as crianças, enclausurando-as como em uma cidadela. As crianças necessitam disso; são muito vulneráveis, podem ser destruídas por qualquer pessoa. A multidão encontra-se lá, as pessoas não serão capazes de identificar seu caminho – precisam de uma blindagem da personalidade.

Porém, se essa blindagem se transforma na sua vida integral, então você está perdido. Você não deve transformar-se na cidadela; deve continuar sendo o mestre e manter-se capaz de sair dela. Caso contrário, não será uma proteção, mas uma prisão. Você deveria ser capaz de sair de sua personalidade, de colocar de lado seus princípios. Você deveria ser capaz, se a situação exigisse, de responder de um modo totalmente novo. Se essa capacidade for perdida, então você se torna rígido e não pode ser desprendido. Se essa capacidade for perdida, então você se torna inatural e não é flexível.

Flexibilidade é juventude, rigidez é velhice; quanto mais flexível, mais jovem; quanto mais rígido, mais velho. A morte é a rigidez absoluta. A vida é o desprendimento absoluto, a flexibilidade.

Você tem de se lembrar disso.

inicie no centro

A vida lá fora é um ciclone – constante conflito, tumulto, luta. Porém isso só acontece na superfície – do mesmo modo que na superfície do oceano há ondas, um ruído ensurdecedor, luta constante. Mas isso não é toda a vida. Na profundidade também há um centro – mudo, silencioso, sem conflito, sem luta. No centro a vida é um fluxo silencioso, relaxado, um rio fluindo sem luta, sem combate, sem violência. Você pode identificar-se com a superfície, com o exterior. Então a ansiedade e a angústia surgirão. E isso tem acontecido a todos; nos identificamos com a superfície e com a luta que ocorre nela.

A superfície encontra-se destinada a ser perturbada, não há nada de errado nisso. Mas se você consegue radicar-se no centro, o distúrbio na superfície se tornará maravilhoso; terá uma beleza própria. Caso você consiga permanecer silencioso em seu interior, então todos os sons no exterior tornam-se musicais. E nada se torna errado; ocorre um jogo. Mas se não conhece o núcleo interior, o centro silencioso, se você se encontra totalmente identificado com a superfície, ficará louco. E quase todos são loucos.

Várias técnicas, como a ioga, a meditação, o Zen, basicamente o ajudam a restaurar o contato com o centro. Elas são maneiras de ajudá-lo a mover-se em seu interior, a esquecer a periferia, a deixá-la durante um tempo e a relaxar em seu próprio ser tão profundamente a ponto de o exterior desaparecer e somente o interior permanecer.

Após você saber como se mover para o interior, como penetrar em seu íntimo; verá que não é difícil. Porém, se você não sabe, se tudo o que conhece é a mente apegando-se à superfície, isso é muito difícil. Relaxar em seu próprio íntimo não é difícil: não se apegar à superfície é.

Escutei no passado esta história sufi:

Certa vez um faquir sufi estava viajando. Em uma noite escura ele perdeu sua orientação. E estava tão escuro que ele nem sequer podia ver para onde estava se dirigindo, e então, repentinamente, deu um passo e não havia chão sob seus pés. O faquir agarrou-se a um galho e conseguiu impedir sua queda, mas ficou aterrorizado porque não sabia o que havia lá embaixo na escuridão ou a profundidade do abismo. A noite estava fria. Ele gritou por socorro mas não havia ninguém para escutar, somente o eco de sua voz. A noite estava tão fria que aos poucos suas mãos começavam a ficar congeladas e ele sabia que mais cedo ou mais tarde teria de largar o galho – seria difícil continuar segurando-o. Ele já estava sentindo sua mão afrouxar. A morte estava muito perto; a qualquer momento ele cairia e morreria. E então houve o último momento. Você pode imaginar o quanto ele estava aterrorizado. Morrendo a cada minuto, e em um instante sentiu o galho escapando de suas mãos. Não havia como segurar-se e portanto cairia. Porém, no momento em que caiu...

Ele começou a dançar! Não havia abismo, estava em chão firme! E havia sofrido toda a noite...

Essa é a nossa situação. Continuamos a nos apegar à superfície, temerosos de que, se a abandonarmos, estaremos perdidos. Na realidade, ao nos apegarmos à superfície estamos perdidos. Porém, bem no fundo, existe escuridão e não podemos ver o chão firme; nada conseguimos ver a não ser a superfície.

Todas as técnicas de meditação têm por finalidade torná-lo corajoso, forte, aventureiro, para que você possa parar de manter-se na superfície e cair em seu interior. Aquilo que parece como um abismo, escuro e sem fundo, é a própria base de seu ser. Após deixar a superfície, a periferia, você estará centrado.

Essa centralização é a meta da meditação. Após estar centrado você pode deslocar-se para a periferia porém será totalmente diferente.

A qualidade de sua conscientização já terá se alterado. Você poderá então deslocar-se para a periferia, porém nunca será a periferia novamente – você permanecerá no centro. E permanecer centrado enquanto estiver se ocupando de atividades na periferia é maravilhoso. Você pode aproveitá-la; ela se tornará um jogo bonito. Por isso não há conflito; tudo é um jogo. E o que acontece na periferia não criará tensões em seu interior e não haverá angústia e ansiedade em torno de sua pessoa.

E a qualquer momento que ela se torne excessiva, muito pesada para você, você pode retornar à fonte original – pode mergulhar no centro de seu ser. E estará revigorado, rejuvenescido e poderá deslocar-se mais uma vez para a periferia.

Após aprender o caminho, você pode fazer isso – e o caminho não é longo. Você não está se dirigindo a nenhuma outra parte de seu próprio ser e, portanto, o caminho não é longo. A única barreira é permanecer apegado à periferia, temeroso de que, caso saia dela, se perca.

O medo faz você se sentir como se estivesse para morrer. Deslocar-se para o centro interior é, de certo modo, uma morte – morte no sentido de que sua identidade com a periferia morrerá e surgirá um novo sentido de seu próprio ser.

desista de fazer

Se quisermos dizer em poucas palavras o que são as técnicas de meditação, podemos afirmar que elas constituem um relaxamento profundo no interior da pessoa, um relaxamento total em seu ser. Estamos sempre tensos; é a isso que nos fixamos, nos apegamos. Nunca estamos relaxados, nunca em um estado de liberação. Estamos sempre fazendo algo – esse "fazendo" é o problema. Nunca estamos em um estado de não fazer, quando as coisas estão acontecendo e a pessoa só se encontra presente, nada fazendo. O ar é inspirado e expirado, o sangue circula, o corpo está vivo e pulsando, a brisa sopra, o mundo continua a girar – e você nada faz; você não é uma pessoa que faz. Você simplesmente está em relaxamento e as coisas estão acontecendo.

Quando as coisas estiverem acontecendo e você não for uma pessoa que faz, você estará totalmente relaxado. Quando você for uma pessoa que faz e as coisas não estiverem acontecendo, mas sendo manipuladas por você, você ficará tenso.

Você relaxa parcialmente quando está adormecido, mas isso não ocorre na totalidade. Mesmo em seu sono, você continua manipulando, mesmo em seu sono não permite que tudo aconteça. Observe uma pessoa dormindo – verá que todo seu corpo está muito tenso. Observe uma criança pequena dormindo; ela está muito relaxada. Ou observe um animal, um gato – um gato está sempre relaxado. Você não está relaxado até mesmo quando dorme; está tenso,

Se você sabe como relaxar, então nada pode perturbá-lo.

lutando, mexendo-se, combatendo algo. Há tensões em sua face. Nos sonhos você pode estar lutando, protegendo algo ou alguém, fazendo as mesmas coisas que faz quando está desperto, repetindo-as em um drama interior. Você não está relaxado; não se encontra em uma renúncia profunda.

É por esse motivo que o sono está se tornando cada vez mais difícil para as pessoas. E os psicólogos afirmam que, se a essa tendência continuar, logo chegará o dia em que ninguém será capaz de dormir naturalmente. O sono terá de ser induzido quimicamente porque ninguém será capaz de adormecer de modo natural. O dia não está muito distante. As pessoas já estão a caminho desse dia porque mesmo quando adormecidas estão parcialmente adormecidas, parcialmente relaxadas.

A meditação é o sono mais profundo. É o relaxamento total e algo mais; a pessoa está totalmente relaxada e, no entanto, permanece alerta. A percepção encontra-se presente. Sono total com percepção é meditação. Totalmente alerta, as coisas estão acontecendo mas você não está resistindo, lutando, fazendo. A pessoa de ação não se encontra presente; ela foi dormir. Somente uma testemunha se encontra lá; ocorre uma sensação de alerta desvinculada do fazer. Então nada pode perturbá-lo.

Se você sabe como relaxar então nada pode perturbá-lo. Se você não sabe como relaxar então tudo pode perturbá-lo – e digo tudo. Não é realmente algo em particular que o perturba, tudo é apenas uma desculpa.

Se você não sabe como relaxar, então tudo o perturbará.

Você está quase sempre pronto para ser perturbado. Se uma coisa não o perturba, então outra o fará; você ficará perturbado. Você está pronto, você tende a ficar perturbado. Se todas as causas forem retiradas, mesmo assim você ficará perturbado. Criará alguma causa. Se nada vem do exterior, você criará algo do interior – algum pensamento, alguma idéia – e ficará perturbado. Porém você precisa de desculpas.

Após saber como relaxar, nada pode perturbá-lo. Não que o mundo mudará, não que as coisas serão diferentes – o mundo será o mesmo. Mas você não terá a tendência, não terá a loucura; não estará sempre pronto para ser perturbado. Então tudo o que acontece a seu redor é tranqüilizador – mesmo o barulho do tráfego torna-se tranqüilizador, caso você esteja relaxado. Mesmo o mercado torna-se tranqüilizador. Isso depende de você. Trata-se de uma qualidade interior.

Quanto mais você se dirige para o centro, mais aparece a qualidade do relaxamento e quanto mais se mover para a periferia, mais perturbado ficará. Se você tende a ficar perturbado, isso indica apenas uma coisa: que você está próximo à periferia – nada mais. É uma indicação de que você fez sua moradia perto da superfície. E essa é uma moradia falsa porque seu lar verdadeiro está no centro, o próprio centro de seu ser.

o coração pacífico

O antigo tratado conhecido como *Vigyan Bhairav Tantra* de Shiva indica essa técnica: em qualquer posição confortável impregne gradualmente com muita paz uma região entre as axilas.

Esse é um método muito simples, mas de resultados milagrosos. Qualquer pessoa pode tentá-lo; não há perigo. O primeiro passo consiste em ficar em uma posição confortável e relaxada – relaxada em uma posição que seja confortável para você. Não tente forçar seu corpo em uma posição específica. Buda senta-se em uma postura específica; é confortável para ele. Isso também pode tornar-se confortável para você caso a pratique durante um período, porém logo no início não será fácil. E não há necessidade de praticá-la: inicie com qualquer postura que lhe ocorra confortavelmente neste preciso momento. Não lute com a postura. Você pode sentar-se em uma espreguiçadeira e relaxar.

O principal aspecto é que seu corpo deve permanecer em um estado relaxado.

Portanto, simplesmente feche os olhos e sinta... todo o corpo. Inicie com as pernas – sinta se existe ou não alguma tensão nelas. Caso sinta que há alguma tensão, torne-a mais forte. Caso você sinta que há alguma tensão na perna direita, então torne essa tensão tão intensa quanto possível. Leve-a ao pico e depois relaxe repentinamente para que possa sentir como o relaxamento penetra nela. Em seguida concentre-se em todo o corpo apenas observando em todas as partes se há tensão. Onde você sentir a tensão, torne-a mais intensa, porque é fácil relaxar quando ela é intensa. Caso contrário, é muito difícil porque você realmente não consegue senti-la. É fácil mover-se de um extremo a outro, muito fácil, porque o próprio extremo cria a situação para mover-se à situação oposta. Se você sente alguma tensão na face, então distenda todos os músculos faciais o máximo possível, crie tensão e a conduza ao pico. Leve-a a um ponto no qual você sinta que chegou ao máximo – e então relaxe repentinamente. Procedendo desse modo, observe se todos os membros e todas as partes do corpo estão relaxados.

Preste atenção nos músculos faciais, porque eles são responsáveis por 90% de suas tensões – o restante do corpo é responsável por somente 10%. A maioria de suas tensões reside na mente e, portanto, a face torna-se o local de armazenamento dessas tensões. Por isso, contorça sua face o máximo possível, não se acanhe em fazê-lo.

Apenas sinta que o corpo se encontra relaxado e então esqueça-o.

Torne-a intensamente angustiada, ansiosa – e então relaxe repentinamente.

Faça essa exploração das tensões durante cinco minutos de modo que possa sentir que todas as partes do corpo estão relaxadas. Agora isso é uma tarefa fácil para você. Você pode fazê-lo sentado ou deitado na cama ou do modo que julgar ser melhor.

Em qualquer posição confortável impregne gradualmente com muita paz uma região entre as axilas.

O segundo aspecto: quando você sentir que o corpo atingiu uma posição confortável, não preste muita atenção a ele. Apenas sinta que ele está relaxado e então esqueça-o. Porque realmente lembrar-se dele é um tipo de tensão. É por isso que digo para não prestar atenção ao corpo. Relaxe-o e esqueça-o. Esquecer é relaxamento. Sempre que você se lembrar muito, esse ato por si acarretará uma tensão no corpo.

Você pode não ter observado isso, porém há uma experiência muito fácil que você pode tentar. Primeiro tome seu pulso. Feche seus olhos, concentre sua atenção em seu pulso durante cinco minutos e então tome-o novamente. O pulso agora estará batendo mais rápido porque a atenção lhe traz tensão. Quando um médico toma seu pulso, a medida nunca é precisa – é sempre mais acelerada do que era antes de o médico tomá-lo. Quando ele segura sua mão, você se torna alerta.

Sempre que você direcionar sua consciência para qualquer parte do corpo, esta parte se torna tensa. Você se torna tenso quando alguém mais o observa; todo o corpo torna-se tenso. Quando está sozinho, você é diferente. Quando alguém entra na sala, você não é o mesmo; todo o corpo começa a funcionar em ritmo mais rápido. Você se tornou tenso. Portanto, não dê muita importância ao relaxamento, ou você se tornará obcecado por ele. Apenas relaxe confortavelmente por cinco minutos e esqueça o relaxamento. Seu esquecimento será útil e acarretará um relaxamento mais profundo ao corpo.

Impregne gradualmente com muita paz uma região entre as axilas.

Feche seus olhos e apenas sinta a região entre as axilas: a área do coração e seu tronco. Sinta-a primeiro bem entre as duas axilas com sua atenção total, percepção total. Esqueça o restante do corpo, observe apenas a região do coração entre as duas axilas, o tronco, e sinta-o impregnado de muita paz.

No momento em que o corpo estiver relaxado, a paz automaticamente acontece em seu coração. O coração torna-se silencioso, relaxado, harmonioso. E quando esquecer o restante do corpo e concentrar sua atenção apenas no tronco, e senti-lo

Se você puder encontrar a paz diretamente... toda a sua vida se tornará plena de amor.

conscientemente pleno de paz, uma grande paz virá imediatamente.

Há regiões no corpo, centros específicos, onde sentimentos particulares podem ser criados conscientemente. Entre as duas axilas encontra-se o centro cardíaco, o qual é a fonte de toda a paz, sempre que ela ocorrer. Sempre que estiver tranqüilo, a paz virá do coração. O coração irradia paz. É por esse motivo que as pessoas em todo o mundo, todas as pessoas, sem nenhuma distinção de religião, país ou cultura, têm sentido que o amor surge de algum lugar perto do coração. Não há nenhuma explicação científica. Sempre que você pensa no amor, pensa no coração. Na realidade, sempre que está apaixonado está relaxado, e por estar relaxado desfruta de certa paz. Essa paz surge do coração.

Então a paz e o amor se juntaram, se associaram. Sempre que estiver apaixonado, você estará tranqüilo; sempre que não estiver apaixonado, estará perturbado. Por causa da paz o coração se associou ao amor.

Portanto você pode fazer duas coisas. Primeiro, pode buscar o amor e algumas vezes sentirá paz. Mas esse caminho é perigoso, porque a pessoa que você ama tornou-se mais importante do que você. E a outra pessoa é outra pessoa e, de certo modo, você está se tornando dependente. Por isso, algumas vezes o amor lhe trará paz. Haverá muitas perturbações, muitos momentos de angústia e de ansiedade, porque outra pessoa entrou em seu mundo. Sempre que a outra pessoa entra, existe a possibilidade de alguma perturbação, porque você pode encontrar-se com o outro apenas na superfície. A superfície não será perturbada. Somente algumas vezes, quando ambos estiverem profundamente apaixonados, sem conflito – só então você ficará relaxado algumas vezes e o coração irradiará paz.

Portanto o amor pode proporcionar-lhe vislumbres de paz, mas nada realmente duradouro, enraizado. Nenhuma paz eterna é possível por meio dele, apenas vislumbres. E entre dois vislumbres haverá vales de conflito, violência, ódio e raiva.

Segundo, encontrar a paz não por meio do amor, mas diretamente. Se você conseguir encontrar a paz diretamente – e este é o método para tal fim –, sua vida se tornará plena de amor. Mas a qualidade desse amor será diferente. Ele não será possessivo; não estará centrado em uma pessoa. Não será dependente e não tornará alguém dependente de você. Seu amor se tornará apenas uma ternura, uma compaixão, uma empatia profunda. E ninguém, nem mesmo uma amante, poderá perturbá-lo, porque sua paz já está enraizada em você e seu amor se revela como uma sombra de sua paz interior. Toda a situação tomou rumo oposto.

Portanto Buda ama, mas seu amor não envolve angústia. Se você ama, irá sofrer e se não ama, irá sofrer. Se você não ama, irá sofrer a ausência do amor; se ama, sofrerá a presença do amor. Porque você se encontra na superfície e o que fizer pode proporcionar-lhe apenas satisfação momentânea – e então o vale escuro aparece novamente.

Primeiro finque-se na paz agindo sozinho. Então você se torna independente, o amor não é a sua "necessidade". Você nunca se sentirá aprisionado quando estiver apaixonado; nunca sentirá que o amor se tornou um tipo de dependência, uma escravidão, uma servidão. O amor será apenas dar: você terá tanta paz que desejará compartilhá-la. Desse modo será apenas dar sem nenhuma idéia de retorno; será incondicional. E um dos segredos é que quanto mais você der, mais o amor acontecerá para você. Quanto mais você der e compartilhar, mais ele se torna seu. Quanto mais profundamente você penetrar no tesouro, que é infinito, mais poderá continuar doando para todos. Ele é inesgotável.

Mas o amor deve acontecer para você como uma sombra da paz interior. Normalmente ocorre o inverso: a paz vem para você apenas como uma sombra do amor. Quando o amor acontece para você como uma sombra da paz, ele é maravilhoso. Caso contrário, o amor também cria feiúra, torna-se uma doença, uma febre.

...impregne com muita paz uma região entre as axilas.

Torne-se consciente da região entre as axilas e sinta que se encontra pleno de muita paz. Simplesmente sinta a paz e você sentirá que é pleno. Está sempre pleno, mas nunca percebeu. Isso é só para aumentar seu estado de alerta, trazê-lo mais para perto de casa. E quando você sente essa paz, se encontra mais afastado da superfície. Não que as coisas deixarão de acontecer lá; mas quando você tentar essa experiência e quando se encontrar pleno de paz, se sentirá distante dela. O ruído está vindo da rua, mas agora há uma grande distância, um grande espaço. Ele acontece, mas não acarreta perturbação; preferentemente, proporciona um silêncio mais profundo. Esse é o milagre. As crianças estarão brincando, alguém estará ouvindo o rádio, as pessoas estarão discutindo e todo o mundo estará se movendo a seu redor, porém você sente que uma grande distância se estabeleceu entre você e todas as coisas externas. Essa distância surge porque você se retirou da periferia. Os acontecimentos estão ocorrendo na periferia e aparecerão para você como se estivessem ocorrendo em algum outro lugar. Você não está envolvido. Nada o perturba, portanto você não está envolvido – você transcendeu. Isso é transcendência.

E o coração é naturalmente a fonte da paz. Você não está criando nada. Simplesmente está indo a uma fonte que sempre está naquele lugar. Essa imaginação o ajudará a se tornar consciente de que o coração está pleno de paz – a imaginação não criará a paz. Esta é a diferença entre a atitude oriental e a hipnose ocidental. Os hipnotizadores pensam que você está criando a paz com sua imaginação, enquanto a mística oriental sabe que você não a cria com sua imaginação, você simplesmente está se tornando afinado com algo que já existe.

Tudo o que você puder criar por sua imaginação não pode ser permanente: caso não seja uma realidade, então é falso, irreal, e você está criando apenas uma alucinação. É melhor ficar perturbado na realidade do que sentir uma alucinação da paz, porque isso não é crescimento. Você simplesmente está intoxicado por ele. Mais cedo ou mais tarde terá de libertar-se disso ou, posteriormente, a realidade destruirá a ilusão. A realidade tem de destruir todas as ilusões; só uma realidade maior não pode ser destruída.

Uma realidade maior destruirá a realidade que existe na periferia; portanto Schankara e outros filósofos orientais dizem que o mundo é ilusão. Não que o mundo seja ilusão; mas conheceram uma realidade maior e desta altitude o mundo parece um sonho. Isso é tão longínquo, a distância é tão infinita

...se o mundo se tornou um sonho, então os sonhos não podem continuar.

que não pode ser considerada real. O barulho na rua será como se você estivesse sonhando com ele – ele não é real. Ele não pode lhe tocar. Simplesmente ocorre e passa e você permanece intocado. E quando estiver intocado pela realidade, como você poderá sentir que ela é real? A realidade é sentida apenas quando o penetra profundamente. Quanto mais profunda a penetração, mais você a sente como real.

Schankara afirma que o mundo todo é irreal. Ele deve ter chegado a um ponto em que a distância era tão grande, tão enorme, que tudo o que acontecia em seu exterior tornou-se simplesmente parecido com um sonho. O mundo estava à sua volta, mas parecia irreal porque ele não conseguia penetrar nele. A penetração é a medida da realidade. Se eu lançar uma pedra em você, ela o atingirá. Ao atingi-lo, ela o penetra e isso torna a pedra real. Se eu lançar uma pedra e ela o tocar, porém não penetrá-lo, você ouvirá bem no fundo o baque dela caindo sobre você, porém não haverá perturbação. Você a sentirá falsa, irreal, ilusória.

Porém você se encontra tão perto da periferia que, se eu lançar uma pedra em você, ficará machucado. Não estou falando a respeito do corpo – o corpo será machucado em ambos os casos. Se eu jogar uma pedra em Buda, o corpo dele será atingido assim como o seu corpo será atingido. Buda, no entanto, não está na periferia, encontra-se enraizado no centro. E a distância é tão grande que ele ouvirá o ruído surdo da pedra sem se machucar. O ser permanecerá intocado, sem cicatrizes. Este ser sem cicatrizes sentirá a pedra como se fosse algo atirado em um sonho. Então Buda afirma que nada encerra substância, tudo é "sem substância". O mundo encontra-se vazio de substância – o que é a mesma coisa que Shankara afirma: o mundo é ilusório.

Tente isso. Sempre que você for capaz de sentir a paz entre suas axilas preenchendo, impregnando seu centro cardíaco, o mundo parecerá ilusório. Este é um sinal de que você começou a meditar – quando o mundo parece e aparenta ser ilusório. Não pense que o mundo é ilusório, não há necessidade de pensar desse modo – você o sentirá. Repentinamente lhe ocorrerá: "O que aconteceu com o mundo?". O mundo tornou-se repentinamente parecido com um sonho. Ele existe lá, uma existência parecida com um sonho sem nenhuma substância. Ele parece muito real, como um filme na tela. Pode até ser tridimensional. Parece ser como alguma coisa, porém é algo projetado.

Não que o mundo seja realmente algo projetado, não que seja verdadeiramente irreal – não. O mundo é real, porém você pode criar uma distância, a qual se torna cada vez maior.

E se o mundo é irreal, você está totalmente relaxado...

E você consegue perceber se a distância está se tornando ou não maior sabendo como está se sentindo a respeito do mundo. Este é o critério. Este é o critério meditativo. Não é uma verdade que o mundo seja irreal – mas se o mundo tem-se tornado irreal para você, sua pessoa tornou-se centrada em seu ser. Agora a distância entre você e a superfície é tão grande a ponto de você não poder olhar a superfície como algo objetivo, algo distinto de você. Você não está identificado.

Essa técnica é muito fácil e não demandará muito tempo. Algumas vezes logo na primeira tentativa as pessoas já sentem a beleza e o milagre dela. Portanto tente-a. Contudo, se você nada sentir na primeira tentativa, não fique desapontado. Espere. Tente mais uma vez. Ela é tão fácil que você pode continuar a realizá-la em qualquer ocasião. Você pode praticá-la deitado em sua cama à noite; ou praticá-la de manhã, quando sentir que está totalmente desperto. Pratique-a antes de se levantar. Dez minutos serão suficientes. Pratique-a por dez minutos à noite antes de adormecer. Torne o mundo irreal e seu sono será tão profundo que você poderá nunca ter dormido desse modo antes. Se o mundo tornar-se irreal no instante anterior ao adormecer, você sonhará menos. Porque se o mundo se tornou um sonho, então os sonhos não podem continuar. E se o mundo é irreal, você fica totalmente relaxado porque a realidade do mundo não se imporá a você, não o incomodará.

Essa técnica é boa para as pessoas que sofrem de insônia. Ela ajuda, consideravelmente. Se o mundo é irreal, as tensões se dissolvem. Se você consegue afastar-se da periferia, já se transportou para um estado profundo de sono – antes de ele chegar, você já penetrou profundamente nele. E então de manhã tudo é maravilhoso porque você se sente tão revigorado, jovem; toda sua energia vibra. Isso ocorre porque você está voltando da periferia para o centro.

No momento em que você se tornar alerta após o sono, não abra os olhos. Primeiro faça essa experiência durante dez minutos e então abra os olhos. O corpo está relaxado após a noite, sentindo-se revigorado e vivo. Você já está relaxado, portanto isso não levará muito tempo. Apenas relaxe. Transfira sua consciência para todo o coração bem entre as duas axilas: sinta-a plena de paz profunda. Permaneça durante dez minutos nessa paz e só então abra os olhos.

O mundo parecerá totalmente diferente porque essa paz também será irradiada de seus olhos. E você se sentirá diferente durante todo o dia – não se sentirá apenas diferente, mas também sentirá que as pessoas estão se comportando de modo distinto em relação a você.

Para cada relacionamento você contribui com algo. Caso a sua contribuição mude, as pessoas se comportarão de modo diferente porque sentem que você é uma pessoa diferente. Elas podem não estar conscientes disso. Mas, quando você estiver pleno de paz, todos se comportarão diferentemente em relação a você. As pessoas serão mais carinhosas e mais bondosas, menos resistentes, mais abertas, mais próximas. Há um ímã presente. A paz é o ímã.

Quando você está tranqüilo, as pessoas se aproximam de você; quando está perturbado, elas se afastam. E esse é um fenômeno físico que você pode observar facilmente. Sempre que estiver tranqüilo, sentirá que todos querem ficar mais perto de você, pois aquela paz irradia, torna-se uma vibração a seu redor. Círculos de paz movem-se em torno de você e toda pessoa que se aproximar vai querer ficar mais perto – como se quisesse mover-se sob a sombra de uma árvore e ali relaxar.

Uma pessoa que possui tranqüilidade interior tem uma sombra em torno dela. Onde quer que ela esteja, todos gostariam de estar mais próximos dela, mais abertos, confiando nela. Uma pessoa que revela em seu interior turbulência, conflito, angústia, ansiedade e tensões repele as demais. Quem se aproxima dessa pessoa torna-se receoso; ela é perigosa. Estar próximo dela torna-se perigoso.

Por dar tudo o que tem, você está constantemente dando. Por isso, pode querer amar alguém, mas, se estiver muito perturbado interiormente, mesmo a pessoa que ama será afastada e desejará escapar de você, porque você drenará a energia que ela possui e ela não se sentirá feliz com você.

E sempre que a deixar, a deixará cansada, esgotada, pois você não tem uma fonte que proporciona vida; em seu interior há uma energia destrutiva.

Portanto, não só você perceberá que é diferente, como os outros também sentirão que você é diferente.

Todo o seu estilo de vida pode mudar se você se deslocar um pouco mais para o centro – e isso acontecerá com toda a sua perspectiva e todo o resultado de suas atividades. Se você é tranqüilo, todos os demais tornam-se serenos em relação a você. Simplesmente é um reflexo. Aquilo que você for se reflete em todos os lugares. Todos se tornam um espelho.

Lembre-se: você pode dar aos outros somente o que possui. Se é infeliz, independentemente do que diz ou faz, tornará os outros infelizes. Se é alegre, não precisa dizer nada – tornará os outros alegres. Sua própria presença proporcionará alguma alegria na vida das pessoas. Sua presença criará um sincronismo nos demais seres. Sua música e sua dança criarão sussurros de alegria – quem estiver perto de você se impregnará de sua alegria.

a história dele/a história dela

Trata-se de um dos fenômenos mais estranhos: durante milhares de anos homens e mulheres têm vivido juntos e, no entanto, permanecem estranhos. Eles continuam a ter filhos, mas ainda permanecem estranhos. O modo de ver feminino e masculino são tão opostos entre si que, se não for feito um esforço consciente, se não houver meditação, não haverá esperança de viver uma vida tranqüila.

Esta é uma de minhas preocupações mais sérias: como tornar o amor e a meditação tão entrelaçados para que cada caso de amor torne-se automaticamente uma parceria na meditação – e cada meditação o torne tão consciente a ponto de não ser necessário ficar apaixonado, mas fazer você crescer com o amor. Você pode encontrar um amigo consciente deliberadamente.

Seu amor se aprofundará à medida que sua meditação se aprofundar, e vice-versa: quando sua meditação florescer, seu amor também florescerá. Mas isso ocorre em um nível totalmente diferente.

Na meditação você não está conectada a seu parceiro. Você nunca se senta silenciosamente com ele por uma hora apenas para que cada um sinta a consciência do outro. Ou vocês estão brigando ou fazendo amor, porém, em ambos os casos, você está relacionada ao corpo, à parte física, à biologia, aos hormônios. Você não está relacionada com o núcleo mais íntimo do outro. Sua alma mantém-se apartada.

Nos templos, nas igrejas e nos cartórios só os corpos se casam.

...quando sua meditação florescer, seu amor também florescerá.

As almas encontram-se a quilômetros de distância. Enquanto você está fazendo amor com seu parceiro – mesmo nestes momentos – nem você nem ele estão presentes. Talvez ele esteja pensando em Cleópatra, em Helena de Tróia, em alguma estrela jovem do cinema. Você também está pensando em outra pessoa. Talvez seja esse o motivo pelo qual toda mulher fica com os olhos fechados – para não ver o rosto de seu marido e não ficar perturbada. Ela está pensando em Alexandre, o Grande, em Ivã, o Terrível, e olhando seu marido tudo se desfaz. Ele parece ser igual a um camundongo.

Mesmo naqueles momentos maravilhosos, que devem ser sagrados, meditativos, de silêncio profundo... mesmo quando você não está sozinho com sua amada, há uma multidão. Sua mente está pensando em outra pessoa, e na mente de sua parceira isso também está acontecendo. Então o que você está fazendo é robotizado, mecânico. Alguma força biológica o está escravizando e você a chama de amor.

Contaram-me que bem cedo pela manhã um bêbado na praia viu um homem fazendo flexões. O bêbado caminhou em volta dele, olhou bem de perto de vários ângulos e finalmente disse: "Não deveria interferir em um assunto tão íntimo, porém tenho de dizer-lhe que sua namorada se foi. Então não faça exercícios desnecessariamente – primeiro levante-se e veja onde ela está!".

Esta parece ser a situação. Quando você está fazendo amor, sua parceira encontra-se realmente presente? Seu parceiro encontra-se realmente presente? Ou você está apenas participando de um ritual – algo que tem de ser feito, simplesmente um dever a ser cumprido?

Se você almeja um relacionamento harmonioso com sua parceira, terá de aprender a ser mais meditativo. Só o amor não é suficiente. O amor sozinho é cego; a meditação lhe oferece olhos. A meditação lhe proporciona compreensão. E quando seu amor se torna amor e meditação, vocês se transformam em companheiros de viagem. Então ele deixa de ser um relacionamento comum entre duas pessoas e se torna uma amizade na trajetória para a descoberta dos mistérios da vida.

O homem sozinho e a mulher sozinha considerarão a jornada muito entediante e muito longa... como a consideraram no passado.

Observando esse conflito contínuo, todas as religiões estabeleceram que as pessoas dispostas a seguir o caminho espiritual deveriam renunciar ao outro – os monges deveriam ser celibatários, assim como as freiras.

Mas em cinco mil anos de História, quantos monges e quantas freiras se tornaram

almas realizadas? Você nem sequer consegue identificar nomes suficientes para contar nos dez dedos da mão. E houve milhões de monges e freiras de todas as religiões – budista, hinduísta, cristã, muçulmana. O que aconteceu?

A trajetória não é tão longa. A meta não está tão distante. Mesmo que você só queira ir à casa de seu vizinho, você precisará de ambas as pernas. Se saltando com uma perna, que distância pode alcançar?

Homens e mulheres juntos em uma amizade profunda, em um relacionamento amoroso e meditativo, como um todo orgânico, podem atingir a meta a qualquer momento que desejarem. Porque a meta não está em seu exterior; ela é o centro do ciclone, a parte mais íntima de seu ser. Mas você só poderá encontrá-la quando for um todo e você não pode ser um todo sem a outra pessoa.

O homem e a mulher são duas partes, dois aspectos de um todo.

Por isso, em vez de desperdiçar tempo discutindo, tentem compreender-se mutuamente. Tente colocar-se no lugar do outro; tente ver como um homem vê, tente ver como uma mulher vê. E quatro olhos sempre são melhores que dois – você tem uma visão integral; todas as quatro direções encontram-se disponíveis para você.

Entretanto, um aspecto tem de ser lembrado: sem meditação, o amor está destinado ao fracasso; não há possibilidade de ele triunfar. Você consegue fingir e pode enganar os outros, mas não pode enganar-se. Você sabe bem no íntimo que todas as promessas feitas a você pelo amor permanecem irrealizadas.

Apenas com meditação o amor começa a adquirir novas cores, nova música, novas canções, novas danças – porque a meditação lhe oferece a percepção para compreender o oposto polar e nessa própria compreensão o conflito desaparece.

Todo conflito no mundo existe por causa da incompreensão. Você diz algo, sua mulher ouve algo diferente. Sua mulher diz algo, você ouve algo diferente.

Tenho visto casais que viveram juntos durante trinta ou quarenta anos; ainda assim, parecem ser tão imaturos quanto o eram no primeiro dia que passaram juntos. Ainda a mesma queixa: "Ela não compreende o que estou dizendo". Quarenta anos juntos e você não foi capaz de encontrar um jeito de sua esposa compreender exatamente o que você está dizendo e de você compreender exatamente o que ela está dizendo.

Acredito que não há possibilidade de isso ocorrer exceto por meio da meditação, porque a meditação lhe proporciona as qualidades do silêncio, da conscientização, de um escutar paciente, de uma possibilidade de colocar-se no lugar do outro.

As coisas não são impossíveis, mas não experimentamos o medicamento certo.

Lembre-se de que a palavra "medicamento" tem a mesma raiz de "meditação". A medicina cura seu corpo; a meditação cura sua alma. A medicina cura sua parte material; a meditação cura sua parte espiritual.

As pessoas estão vivendo juntas e seus espíritos estão plenos de feridas; é por isso que as pequenas coisas as machucam tanto.

Mulla Nasruddin perguntava-me: "O que devo fazer? Sou incompreendido em tudo o que digo e imediatamente há problemas".

Eu disse: "Tente fazer algo: apenas sente-se silenciosamente, não diga nada".

No dia seguinte observei-o mais desesperançado do que nunca. Eu disse: "O que aconteceu?".

Ele respondeu: "Não devo pedir-lhe conselhos. Todos os dias costumávamos brigar e discutir, porém era só verbal. Ontem, por causa de seu conselho, apanhei!".

Eu perguntei: "O que houve?".

Ele disse: "Fiquei sentado em silêncio. Ela me fez muitas perguntas, porém eu estava determinado a permanecer em silêncio". Ela disse: "Então você não vai falar?". Permaneci silencioso. E então começou a lançar objetos contra mim! Ela disse: "As coisas foram de mal a pior. Pelo menos costumávamos conversar; agora não estamos sequer falando!".

Eu concordei: "Isso realmente é ruim".

Ele disse: "Você diz que é ruim? Toda a vizinhança se juntou e todos começaram a perguntar: 'O que aconteceu? Por que vocês não se falam?'. E alguém sugeriu: 'Parece que ele está possuído por um espírito maligno'".

"Pensei, meu Deus, agora eles vão levar-me a algum idiota que irá me bater e tentar expulsar o espírito maligno. Eu disse: 'Espere! Não estou possuído por um espírito maligno, simplesmente não estou falando porque tudo o que eu disser provocará uma briga. Digo algo e então ela tem de dizer algo e então tenho de dizer alguma coisa e ninguém sabe onde isso irá terminar'. Eu estava apenas meditando silenciosamente não fazendo mal a ninguém e, de repente, toda a vizinhança virou-se contra mim!"

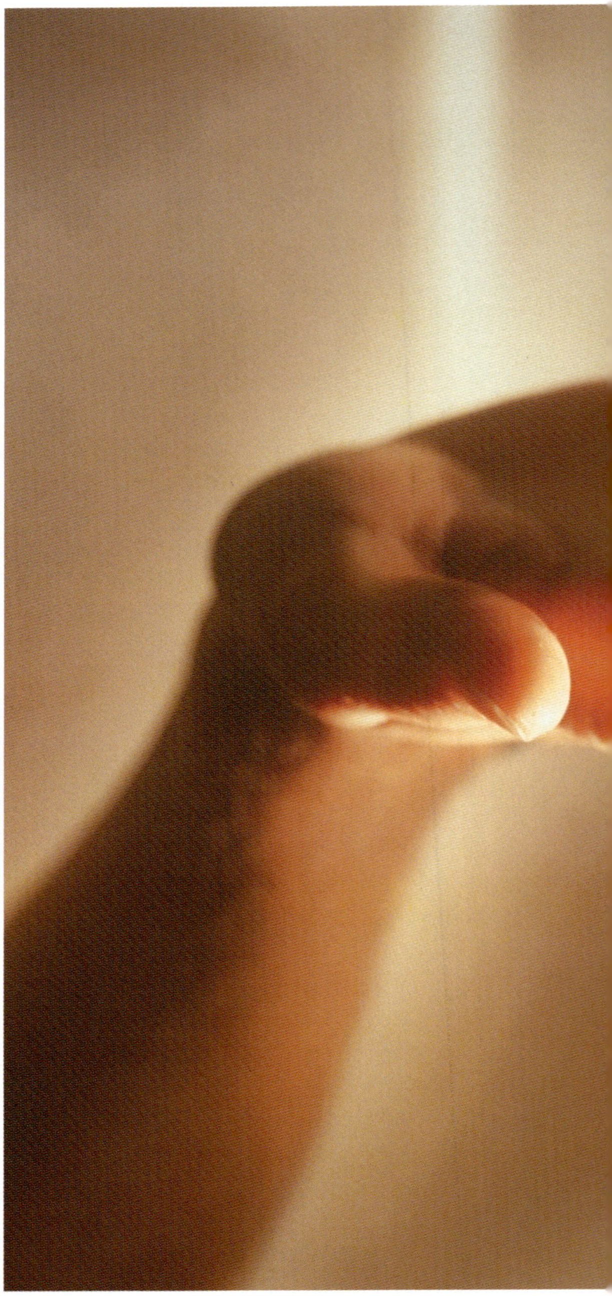

As pessoas estão vivendo sem nenhuma compreensão. Portanto, tudo o que fizerem terminará em desgraça.

Se você ama um homem, a meditação será o melhor presente que você pode oferecer-lhe. Se você ama uma mulher, então um anel de diamante nada representa; a meditação será um presente muito mais precioso – e tornará a sua vida pura alegria.

Somos potencialmente capazes de alegria pura, porém não sabemos como tratá-la. Sozinhos, somos no máximo tristes. Juntos, somos realmente um inferno.

Jean-Paul Sartre, um homem de grande inteligência, dizia que o outro é o inferno, que estar só é melhor, que você não consegue conviver com o outro. Ele se tornou tão pessimista que disse ser impossível conviver com o próximo, o outro é o inferno. Em grande parte ele está certo.

Com a meditação, o outro torna-se o seu céu. Porém Jean-Paul Sartre não sabia o que era meditação.

Essa é a infelicidade das pessoas ocidentais. As pessoas do Ocidente estão deixando escapar o florescimento da vida porque nada conhecem sobre o amor.

E, para mim, do mesmo modo que o homem e a mulher são metades de um todo, o amor e a meditação também são. A meditação é o homem; o amor é a mulher. Na junção da meditação e do amor reside a união do homem e da mulher. E nessa união criamos o ser humano transcendental, que não é nem homem, nem mulher.

A não ser que criemos o ser humano transcendental na Terra, não há muita esperança.

fazer amor como uma meditação

O tantra sempre foi incompreendido. Não pode ser compreendido por pessoas comuns; elas tendem a não entendê-lo. É uma forma de prece, nada tem a ver com sexo. Mesmo fazer amor nada tem a ver com sexo. Quando ele se torna uma meditação, uma prece - somando a fusão e a reunião e a absorção de energias em um espírito de prece -, não é apenas entretenimento ou brincadeira, é devoção.

Essa é a técnica tântrica para considerar o ato de fazer amor uma meditação.

Enquanto estiver sendo acariciado, penetre na carícia como se fosse uma vida duradoura.

Essa técnica se preocupa com o amor, porque o amor é a coisa mais próxima em sua experiência durante a qual você fica relaxado. Se você não consegue mudar o amor, é impossível que você relaxe. Se você consegue relaxar, sua vida se torna uma vida amorosa.

Uma pessoa tensa não consegue amar. Por quê? Uma pessoa tensa sempre vive tendo propósitos. Uma pessoa tensa pode ganhar dinheiro, mas não consegue amar porque o amor é destituído de propósitos. O amor não é uma *commodity*. Você não pode acumulá-lo; não pode obter saldo bancário com ele; não pode reforçar seu ego graças a ele. Realmente, o amor é o ato mais absurdo, sem significado para além dele, sem propósito para além dele. Ele existe para si mesmo, não para nenhuma outra finalidade.

Você ganha dinheiro para algo - é um meio. Você constrói uma casa para alguém morar nela - é um meio. O amor não é um meio.

Enquanto estiver sendo acariciado, penetre na carícia como se fosse uma vida duradoura.

Por que você ama? Para que você ama? O amor é um fim em si. É por esse motivo que uma mente que calcula e emprega a lógica, uma mente que pensa em termos de propósito, não consegue amar. E a mente que sempre pensa em termos de propósito ficará tensa, porque o propósito só pode ser realizado no futuro, nunca no aqui e no agora. Você está construindo uma casa – você não pode viver nela em caráter imediato, não agora. Você ganha dinheiro – o saldo bancário será criado no futuro, não agora. Os meios estão no presente e os fins ocorrerão no futuro.

O amor está sempre aqui; para ele não existe o futuro. É por isso que o amor está tão próximo da meditação. É por isso que a morte também se encontra tão próxima da meditação – porque a morte sempre ocorre no aqui e no agora; ela não pode acontecer nunca no futuro. Você consegue morrer no futuro? Você consegue morrer só no presente. Alguém alguma vez morreu no futuro? Como você pode morrer no futuro? Ou como você pode morrer no passado? O passado se foi, não existe mais, portanto você não pode morrer nele. A morte sempre ocorre no presente. Morte, amor, meditação – todos ocorrem no presente. Portanto, se você tem receio da morte, não consegue meditar. Se você tem receio da meditação, sua vida será inútil. Inútil não no sentido de algum propósito, mas inútil no sentido de que você nunca será capaz de sentir alguma alegria nela. Ela será fútil.

Pode parecer estranho vincular esses três conceitos: amor, meditação e morte. Não é! São experiências similares. Então se você puder ter um deles, poderá ter os outros dois.

Essa técnica se preocupa com o amor. Ela afirma: "Enquanto estiver sendo acariciado, penetre na carícia como se fosse uma vida duradoura". O que isso significa? Muitas coisas! Uma: enquanto você está sendo amado o passado terminou e o futuro não existe. Você se move na dimensão do presente. Você se move no agora.

Você já amou alguém? Se já amou, então sabe que a mente não se encontra mais lá. É por isso que os assim denominados homens sábios dizem que os amantes são cegos, perdem a mente, tornam-se enlouquecidos. O que dizem está certo em essência. Os amantes são cegos porque não possuem olhos para o futuro a fim de prever o que pretendem fazer. Eles são cegos; não conseguem enxergar o passado. O que aconteceu aos amantes? Eles simplesmente se movem no aqui e no agora sem ter nenhuma consideração a respeito das conseqüências. É por isso que são chamados de cegos. Eles o são! Para aqueles que fazem cálculos, eles são cegos – e para aqueles que não fazem cálculos, são videntes. Aqueles que não são calculistas encararão o amor como o ato real de ver, a visão real.

Portanto, o primeiro aspecto é que no momento do amor o passado e o futuro deixam de existir. Por isso deve-se entender um ponto delicado. Quando não há passado nem futuro, você pode considerar este momento presente? O presente existe apenas entre os dois. Ele é relativo. Se não existe o passado e o futuro, o que significa falar sobre o presente? Ele não tem significado. É por isso que Shiva não usa a palavra presente. Ele diz "vida eterna". Ele quer dizer eternidade... você entra na eternidade.

Dividimos o tempo em três partes – passado, presente e futuro. Essa divisão é falsa, totalmente falsa. O tempo realmente é passado e futuro. O presente não é parte do tempo. O presente é parte da eternidade. O que passou é o tempo; o que virá é o tempo. O que é o presente não representa o tempo porque nunca passa – encontra-se sempre aqui. O presente está sempre aqui. Encontra-se sempre aqui! Este presente é eterno.

Se você se mover do passado, nunca entrará no presente. Do passado você sempre se moverá para o futuro; não haverá nenhum momento que seja o presente. Do presente você nunca pode mover-se para o futuro. A partir do presente você pode penetrar cada vez mais profundamente no mais presente e mais no presente. Isto é vida eterna.

Podemos dizer da seguinte maneira: do passado para o futuro é o tempo. Tempo significa que você se desloca em um plano, em uma linha reta. Pode-se denominá-la horizontal. No momento em que você estiver no presente a dimensão se altera: você se move verticalmente – para cima ou para baixo, em direção às alturas ou às profundezas. Porém, em seguida, você nunca se desloca horizontalmente. Buda e Shiva vivem na eternidade, não no tempo.

Perguntaram a Jesus: "O que acontecerá em seu Reino de Deus?". O homem que lhe perguntou não estava indagando a respeito do tempo. Estava perguntando a respeito do que aconteceria a seus desejos, a respeito de como seriam satisfeitos. Ele estava perguntando se haveria vida eterna ou se haveria morte; se haveria infelicidade, se haveria pessoas inferiores e superiores. Ele estava indagando a respeito de aspectos terrenos quando perguntou: "O que acontecerá em seu Reino de Deus?". E Jesus respondeu – a resposta foi idêntica à de um monge zen: "O tempo deixará de existir".

O homem que recebeu essa resposta pode não ter compreendido o que significava "O tempo deixará de existir". Jesus disse essa frase porque o tempo é horizontal e o Reino de Deus é vertical... ele é eterno. Ele está sempre aqui! Você precisa apenas se afastar do tempo a fim de penetrá-lo.

Portanto, o amor é a primeira porta. Por ela você pode se afastar do tempo. É por isso que todos desejam ser amados, todos querem amar. E ninguém sabe por que se atribuiu tanto significado ao amor, por que há um anseio tão profundo pelo amor. E a não ser que você o conheça de modo certo, você não consegue amar nem ser amado, porque o amor constitui um dos fenômenos mais profundos neste planeta.

Continuamos a pensar que todos são capazes de amar, de modo idêntico a ele ou a ela. Esse não é o caso – não é dessa maneira. É por isso que você está frustrado. O amor constitui uma dimensão diferente e, se você tentar amar alguém, com o passar do tempo fracassará em seu esforço. Com o decorrer do tempo o amor não é possível.

Olho à minha frente e existe uma parede; movimento meus olhos e existe o céu. Quando você olha o tempo, há sempre uma parede. Quando você olha para além do tempo, há o céu aberto... infinito. O amor abre o infinito, a eternidade da existência. Então realmente, se você já amou, o amor pode ser transformado em uma técnica de meditação. Esta é a técnica: enquanto estiver sendo amado, penetre no amor como uma vida eterna.

Não seja um amante que permanece distante e no exterior. Torne-se amoroso e

entre na eternidade. Quando você está amando alguém, você se encontra presente como o amante? Se você estiver presente, então estará no ritmo e o amor é falso. Se você ainda estiver presente e puder dizer "Eu estou", então você pode estar fisicamente perto, mas espiritualmente estará muito distante.

Enquanto estiver apaixonado, você não pode existir – só existe o amor e o ato de amar. Quando estiver acariciando seu amante ou ente querido, transforme-se na carícia. Enquanto estiver beijando, não seja aquele que beija ou é beijado – seja o beijo. Esqueça completamente o ego, dissolva-o no ato. Mova-se para o ato tão completamente a ponto de o ator deixar de existir. E se você não consegue se mover para o amor, é difícil passar a comer ou a caminhar – muito difícil, porque o amor é o modo mais fácil para dissolver o ego. É por isso que os egoístas não conseguem amar. Eles podem falar a respeito dele, podem celebrá-lo, podem escrever a respeito dele, mas não podem amar.
O ego não consegue amar!

Torne-se amoroso. Quando estiver abraçado, torne-se o abraço, torne-se o beijo. Esqueça de si mesmo tão completamente para poder dizer: "Não existo mais. Só o amor existe". Então o coração não está batendo, mas o amor está pulsando. Então o sangue não está circulando, o amor está circulando. E os olhos não estão vendo, o amor está vendo. Então as mãos não estão se movendo para tocar, o amor está se movendo para tocar.

Tantra significa: a transformação do amor em meditação.

Torne-se o amor e penetre na vida eterna. O amor muda repentinamente nossa dimensão. Você é projetado do tempo e se defronta com a eternidade. Os amantes souberam algumas vezes o que os santos não conheceram. E os amantes tocaram aquele centro que muitos iogues não alcançaram. Mas esse será apenas um vislumbre a não ser que você transforme seu amor em meditação. Tantra significa: a transformação do amor em meditação. E agora você pode compreender por que o tantra fala tanto a respeito de amor e sexo. Por quê? Porque o amor é a porta natural mais fácil da qual você pode transcender este mundo, esta dimensão horizontal.

Observe as imagens existentes no Oriente de Shiva com sua consorte Devi. Observe-os! Eles não aparentam ser duas pessoas – eles são uma. A unicidade é tão profunda que até se transferiu para os símbolos. Todos vimos o Shivalinga. É um símbolo fálico – o órgão sexual de Shiva – mas não está sozinho, encontra-se na vagina de Devi. Os hindus da Antiguidade eram muito ousados. Então quando você vê um Shivalinga nunca se lembra de que é um símbolo fálico. Esquecemos: tentamos esquecê-lo completamente.

Carl Jung recorda-se em sua autobiografia, em suas memórias, de um acontecimento muito bonito e engraçado. Ele viajou para a Índia e foi ver Konark e no templo de Konark há um grande número de Shivalingas, muitos símbolos fálicos. A pessoa letrada que o ciceroneava lhe explicou tudo exceto os Shivalingas. E eram tantos que se tornava difícil não vê-los. Jung estava bem consciente da situação, mas apenas para provocar a pessoa letrada ele continuava perguntando: "Mas o que são estes?". Então essa pessoa no final disse no ouvido de Jung: "Não me pergunte aqui, eu lhe direi posteriormente. Este é um assunto particular".

Jung deve ter rido internamente – esses são os hindus de hoje. Então, no lado de fora do templo, a pessoa letrada aproximou-se e disse: "Não era conveniente o senhor perguntar-me na frente das demais pessoas. Agora lhe direi. É um segredo". E então ele disse novamente no ouvido de Jung: "Eles são nossas partes íntimas".

Quando Jung voltou à Europa conheceu um grande erudito – um erudito conhecedor do pensamento, da mitologia e da filosofia orientais, Heinrich Zimmer. Ele lhe contou essa situação hilariante. Zimmer foi uma das mentes mais privilegiadas que já tentaram penetrar o pensamento hindu e era um admirador da Índia e de seu modo de pensar – da abordagem oriental, desprovida de lógica e mística em relação à vida. Quando ouviu o relato de Jung, ele riu e disse: "Isso muda as coisas. Sempre ouvi falar de grandes hindus – Buda, Krishna, Mahavir. O que você conta diz

algo não a respeito dos grandes hindus, mas sobre os hindus".

O amor é um grande portão. E para o tantra, o sexo não é algo a ser condenado. Para o tantra, o sexo e a semente e o amor, seu florescimento e, se você condenar a semente, estará condenando a flor. Sexo pode tornar-se amor. Se nunca se tornar amor então estará inválido. Condene o fato de ele estar inválido, não o sexo. O amor precisa florescer, o sexo precisa transformar-se em amor. Se ele não se tornar amor, é culpa nossa.

O sexo não deve permanecer como sexo – esse é o ensinamento tântrico. Precisa ser transformado em amor. E o amor também não pode permanecer como amor. Precisa ser transformado em luz, em experiência meditativa. Como transformar o amor? Seja o ato e esqueça o ator. Enquanto ama, seja o amor – simplesmente o amor. Então ele não é seu amor ou meu amor ou o de alguém – ele é simplesmente amor. Quando você não estiver presente, quando estiver nas mãos da última fonte, ou da atual, quando estiver apaixonado, não será você que estará apaixonado. Quando o amor o tiver tragado, você terá desaparecido; simplesmente se tornará uma energia que flui.

D. H. Lawewnce, uma das mentes mais criativas de seu tempo, era um adepto do tantra, com ou sem conhecimento de causa. Ele foi totalmente condenado no Ocidente e seu livros foram proibidos. Sofreu muitos processos porque afirmava: "A energia do sexo é a única energia, e se você a condena e a suprime está contra o universo. Então você nunca será capaz de conhecer o florescimento mais elevado dessa energia. E quando é suprimida torna-se feia – este é o círculo vicioso".

Sacerdotes, moralistas e as assim denominadas pessoas religiosas continuam condenando o sexo. Elas afirmam que se trata de algo feio. E quando você o suprime, então ele realmente se torna feio. Então eles dizem: "Veja! O que dissemos é verdade. Você o provou". Porém não é o sexo que é feio, são esses sacerdotes que o tornaram feio. Após o tornarem feio, foram considerados certos. E quando são considerados certos, você prossegue tornando-o cada vez mais feio.

Sexo é energia inocente – vida fluindo em você, a existência da vida em você. Não o torne um inválido! Permita-lhe chegar às alturas, isto é, sexo precisa se tornar amor. Qual é a diferença? Quando sua mente é sexual, você está se aproveitando do outro; o outro é apenas um instrumento para ser usado e descartado. Quando o sexo se torna amor o outro não e um instrumento, o outro não existe para ser usado; o outro não é realmente o outro. Quando você ama, o amor não é autocentrado. O outro, preferentemente, torna-se significativo e único.

Não se trata de você o estar usando – não! Pelo contrário, vocês dois se concentram juntos em uma experiência profunda. Vocês são parceiros em uma experiência profunda, não o aproveitador e a pessoa usada. Vocês estão se ajudando mutuamente para entrar em um mundo diferente de amor. O amor está entrando junto em um mundo diferente.

Se essa passagem não for momentânea e se tornar meditativa, isto é, se você conseguir esquecer completamente a si mesmo, o que significa amante e ente querido desaparecerem, e se houver somente amor fluindo, então, diz o tantra, a vida eterna lhe pertencerá.

quarta parte

meditações para a vida diária

No passado esta tem sido uma das falácias: você medita por vinte minutos, ou três vezes ao dia, ou medita cinco vezes ao dia – a idéia básica é que se deve dedicar alguns minutos todos os dias à meditação. Porém, o que você irá fazer nas 23 horas e 40 minutos restantes? Sem dúvida algo antimeditativo. Naturalmente, o que você ganhou nos vinte minutos será perdido durante o tempo remanescente do dia. Desejo que considere a meditação de um ponto de vista totalmente diferente.

Você pode aprender a meditar durante vinte ou quarenta minutos – aprender é uma coisa –, mas tem de praticar o que aprendeu todos os dias. A meditação tem de se tornar simplesmente algo como o batimento cardíaco.

natural e fácil

Sempre que tiver tempo, relaxe o sistema respiratório por alguns minutos, nada mais – não há necessidade de relaxar o corpo todo. Sentado no trem ou no avião, ou no carro, ninguém perceberá que você está fazendo algo. Simplesmente relaxe o sistema respiratório. Deixe-o estar como ele é quando está funcionando naturalmente. Feche seus olhos e observe o ar entrando, saindo, entrando. Não se concentre! Se você se concentrar, criará problemas,

porque então tudo se torna uma perturbação. Se tentar concentrar-se sentado no carro, então o ruído do automóvel torna-se uma perturbação, a pessoa sentada a seu lado torna-se uma perturbação.

Meditação não é concentração. É simplesmente percepção. Você apenas relaxa e observa a respiração. Ao realizar essa observação, nada é excluído. O carro está barulhento – perfeitamente correto, aceite-o. O tráfego flui – perfeitamente certo, faz parte da vida. O passageiro ao lado roncando, aceite-o. Nada é rejeitado.

Você não pode evitar a verdade. É melhor encará-la, aceitá-la, vivenciá-la. Depois de começar a levar uma vida com veracidade e autenticidade, todos os problemas começam a desaparecer, porque o conflito desaparece e você não está mais dividido. Sua voz agora tem unidade, todo o seu ser torna-se uma orquestra. Neste exato momento, quando você diz algo, seu corpo diz algo diferente; quando sua língua diz algo, seus olhos continuam dizendo algo distinto, simultaneamente.

As pessoas muitas vezes vêm a mim e eu lhes pergunto: "Como vão vocês?". E elas respondem: "Estamos muito, muito felizes". E não consigo acreditar, porque o rosto delas é tão apático – nenhuma alegria, nenhum prazer! Seus olhos não têm brilho, nenhuma luz. E quando dizem "Estamos felizes", mesmo a palavra "felizes" não soa muito feliz. Parece que elas vão se arrastando pela vida.

O tom, a voz, a face, o modo como estão sentadas ou em pé – tudo desmente, tudo transmite algo diverso.

Comece a observar as pessoas. Quando dizem que estão felizes, observe. Fique atento a alguma dica. Estão realmente felizes? E imediatamente você perceberá que alguma parte delas está dizendo algo diferente. E então, aos poucos, observe-se. Quando você estiver dizendo que está feliz, mas não estiver, haverá uma perturbação em sua respiração. Sua respiração não pode ser natural. É impossível. Porque a verdade é que você não estava feliz. Se você tivesse dito "Estou infeliz", sua respiração teria permanecido natural. Não haveria conflito. Porém você disse "Estou feliz". Imediatamente você está reprimindo algo – algo que estava emergindo e foi sufocado. Nesse próprio esforço sua respiração altera seu ritmo; ela não é mais rítmica. Sua face não é mais graciosa, seus olhos tornam-se enganadores.

Observe primeiro os outros, porque desse modo será mais fácil fazê-lo. Você pode ser mais objetivo em relação a eles. E quando tiver encontrado indícios a respeito deles, empregue os mesmos indícios em relação a você. E veja – quando você fala a verdade, sua voz tem um tom musical; quando não fala a verdade, existe nela algo como um tom dissonante. Quando diz a verdade é um todo, completo; quando não diz a verdade, você não é um todo, surgiu um conflito. Observe esses fenômenos sutis porque eles são conseqüência de um todo ou da falta de integração.

Sempre que você for um todo, estará íntegro; sempre que você for um, em harmonia, perceberá repentinamente que é feliz. Esse é o significado da palavra "ioga". É isso que queremos dizer de um iogue: uma pessoa que está íntegra, em harmonia; cujas partes encontram-se todas inter-relacionadas e não opostas; elas são independentes, não estão em conflito, permanecem em paz consigo mesmas. Há uma grande amizade no interior do ser da pessoa. Ela é um todo.

Acontece algumas vezes de você se tornar um, em um raro momento. Observe o oceano, a sua enorme ferocidade – e repentinamente você esquece seu espírito, sua esquizofrenia; relaxa. Ou, deslocando-se no Himalaia, vendo a neve nos picos do Himalaia, subitamente um frescor o rodeia e você não precisa ser falso porque não há outro ser humano com quem você pode ser falso. Você se compenetra. Ou, ouvindo uma música bonita, se compenetra.

Em toda ocasião, em qualquer situação, você se percebe tornando-se um; uma paz, uma felicidade, uma alegria o envolvem, surgem em você. Você se sente pleno.

Não há necessidade de esperar por esses momentos – eles podem se tornar sua vida natural. Esses momentos extraordinários podem se tornar momentos comuns – essa é a base do Zen. Você pode viver uma vida extraordinária de um modo muito comum: cortando lenha ou madeira, trazendo água do poço, você pode ficar muito à vontade consigo mesmo, limpando o chão, cozinhando alimentos, lavando roupa, você pode de fato ficar muito à vontade – porque toda a questão diz respeito a você realizar sua ação integralmente, apreciá-la e ter prazer com ela.

respiração é a chave

Observe uma criança; este é o modo correto de respirar. Quando uma criança respira, o tórax não é afetado. O abdômen move-se para cima e para baixo. A criança respira como se fosse do abdômen. Todas as crianças têm um pequeno abdômen que existe por causa da respiração e do reservatório de energia.

Esse é o modo certo de respirar. Lembre-se de não usar muito seu tórax; ele deve ser usado apenas raramente – em ocasiões de emergência. Se estiver se empenhando para salvar sua vida, então o tórax pode ser usado. Trata-se de um dispositivo de emergência. Você pode usar a respiração superficial, rápida e correr. Porém, em geral, o tórax não deveria ser usado. E algo para se lembrar: o tórax existe só para situações emergenciais, porque é difícil, em uma emergência, respirar com naturalidade.

Se você respira naturalmente, permanece tão calmo e tranqüilo a ponto de não conseguir correr e lutar; você se encontra tão calmo e íntegro, como se fosse um buda. E em uma emergência – por exemplo, a casa está se incendiando – se você respirar naturalmente, não será capaz de salvar um objeto sequer. Ou, se um tigre saltar sobre você em uma floresta e você continuar respirando naturalmente, não se sentirá incomodado; é como se você estivesse dizendo: "Tudo bem, deixe-o fazer o que deseja". Você não será capaz de se proteger.

Portanto, a natureza proporcionou um dispositivo de emergência; o tórax é um deles. Quando um tigre atacá-lo, você terá de interromper a respiração natural e precisará respirar com o tórax. Então você terá mais capacidade para correr, lutar, despender energia rapidamente. E em uma situação de emergência há somente duas alternativas – a fuga ou a luta. Ambas precisam de uma energia muito superficial, porém intensa, superficial, mas um estado muito alterado e tenso.

Porém, se você respirar continuamente com o tórax terá tensões em sua mente. Se respirar continuamente com o tórax, sempre terá medo. Porque a respiração com o tórax destina-se apenas a situações de medo. E se você fez disso um hábito, então ficará continuamente receoso e tenso, sempre pronto para a fuga. O inimigo não se encontra presente, porém você imaginará que ele está presente. É desse modo que se cria a paranóia.

No Ocidente algumas poucas pessoas se interessaram por esse tema, como Alexander Lowen e outros que têm trabalhado em bioenergética. Eles chegaram à conclusão de que nas pessoas receosas o tórax encontra-se tenso e elas respiram de modo muito superficial. Se a respiração puder tornar-se mais profunda, para que se dirija e toque o abdômen, o centro do hara, então o receio que sentem desaparece. Ida Rolf criou um dos métodos mais bonitos para alterar a estrutura interna do corpo – o Rolfing. Se você tem respirado de modo errado por muitos anos, terá desenvolvido certa musculatura e essa musculatura estará obstruindo a passagem interna e não lhe permitirá respirar profundamente. E mesmo que você se lembre de respirar profundamente durante alguns segundos, ao voltar para seu trabalho, começará a respirar superficialmente com o tórax. A musculatura tem de ser alterada. Após ser mudada, o medo e a tensão desaparecem.

Observe uma criança respirar – este é o modo natural de respirar – e respire desse modo. Deixe seu abdômen subir quando você inspira e deixe-o abaixar quando expira. E permita que isso aconteça em tal ritmo a ponto de se tornar quase uma canção de sua energia, uma dança com ritmo, com harmonia – e você se sentirá tão relaxado, tão vivo, tão vital, que não poderá imaginar que tal vitalidade é possível.

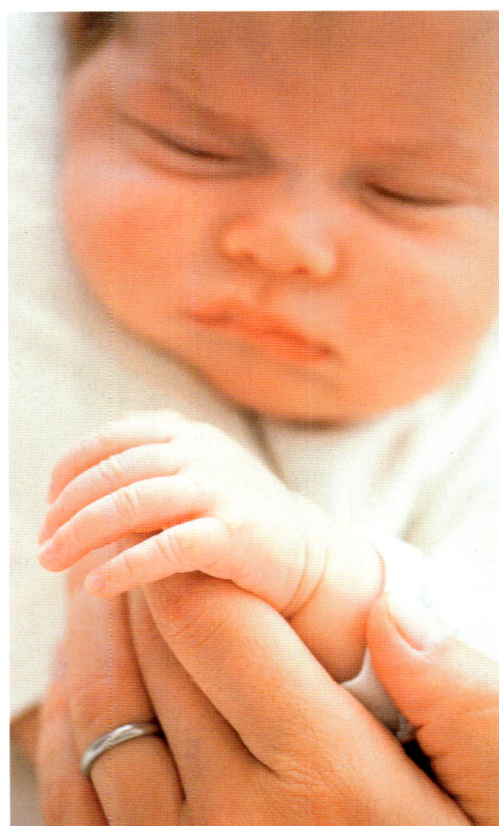

atenção relaxada

Em seu *Vigyan Bhairav Tantra*, Shiva indica esta técnica de meditação: Seja onde for que sua atenção desperte, vivencie-a nesse preciso lugar.

Nessa técnica, primeiro você precisa desenvolver a atenção. Tem de desenvolver um tipo de atitude alerta. Só então essa técnica se tornará possível de modo que, em todo local onde sua atenção despertar, você possa vivenciar a si próprio. Apenas olhando uma flor, você pode vivenciar a si mesmo. Então olhar uma flor não consiste apenas em ver uma flor, mas também a pessoa que a observa – mas só se você conhece o segredo da atenção.

Você pode olhar a flor e pensar que está olhando a flor, porém começou a pensar na flor e a flor não é percebida. Você não se encontra mais lá, foi a outro lugar, afastou-se. Atenção significa que, quando você está olhando uma flor, está olhando uma flor e não fazendo algo mais – como se a mente tivesse parado, como se agora não houvesse pensamento e só existisse uma simples percepção da flor. Você se encontra aqui, a flor está lá e entre vocês dois não existe um pensamento.

Se puder fazer isso, perceberá que repentinamente, a partir da flor, sua atenção voltará, retornando a você, se tornará um círculo. Você olhará a flor e a visão retornará. A flor refletirá a atenção, ela retornará para você. Se não houver pensamentos, isso ocorre. Então você não está vendo só a flor, também está vendo o observador. Então o

Você se encontra aqui, a flor está lá... entre vocês dois não existe um pensamento.

observador e a flor se tornaram dois objetos e você se tornou uma testemunha de ambos.

Porém, de início, a atenção tem de ser treinada, porque você não tem nenhuma atenção. Sua atenção simplesmente está vacilando, movendo-se de um ponto a outro e daí para algo distinto. Você não presta atenção sequer por um único momento. Mesmo quando estou falando, você nunca ouve todas as minhas palavras. Você ouve uma palavra e então sua atenção se desloca para algo distinto; então você volta, ouve outra palavra e sua atenção foge novamente. Você ouve algumas palavras, preenche os vazios e então pensa que me ouviu. Tudo o que se passa em seu íntimo só diz respeito a você; é sua própria criação. Você ouviu só algumas palavras que pronunciei, então preencheu os vazios e tudo o que incluiu nesses vazios altera tudo! Digo uma palavra e você começa a pensar a respeito dela. Você não consegue se manter silencioso.

Se conseguir se manter silencioso, enquanto ouve, você se tornará atento.

Atenção significa um alerta silencioso, sem a interferência de pensamentos. Desenvolva-a. Você só pode desenvolvê-la praticando-a; não há outra maneira. Pratique-a mais e você a desenvolverá. Tudo que estiver fazendo, onde estiver, tente desenvolvê-la.

Você está viajando em um carro ou em um trem. O que está fazendo aí? Tente desenvolver a atenção; não desperdice tempo. Você estará em um trem durante meia hora: desenvolva a atenção. Simplesmente esteja presente. Observe alguém, olhe o trem ou olhe o exterior, porém seja o que for, não pense em nada. Pare de pensar. Esteja presente e olhe. Seu olhar se tornará direto, penetrante e de todos os lugares seu olhar se refletirá de volta e você se tornará consciente do observador.

Você não percebe a si mesmo porque existe um muro. Quando olha uma flor, primeiro seus pensamentos alteram seu olhar; eles imprimem a própria cor. Então aquele olhar se dirige à flor. Ele retorna, porém seus pensamentos mais uma vez lhe atribuem uma cor diferente. E quando ele retorna nunca o encontra lá. Você se deslocou para um outro lugar, não está mais lá.

Toda visão retorna; tudo é refletido, recebe uma resposta, porém você não se encontra presente para recebê-la. Portanto, esteja presente para recebê-la. Durante todo um dia, você pode experimentar isso em muitas coisas e logo desenvolverá a atenção. Com essa atenção faça o seguinte:

Seja onde for que sua atenção desperte, vivencie-a nesse preciso lugar.

Olhe então para qualquer lugar, porém simplesmente olhe. A atenção surgiu – e você sentirá sua pessoa. Mas a primeira exigência consiste em ter capacidade para ter atenção. E você pode praticá-la. Não há necessidade de ela levar um tempo adicional.

Tudo o que você estiver fazendo – comendo, tomando banho, ficando debaixo do chuveiro – simplesmente fique atento. Mas qual é o problema? O problema é que fazemos tudo com a mente e estamos planejando continuamente para o futuro. Você pode estar viajando em um trem, mas sua mente talvez esteja pensando em outras jornadas – programando, planejando. Pare com isso.

Bokuju, um monge zen, disse: "Esta é a única meditação que conheço. Enquanto como, eu como. Enquanto caminho, eu caminho. E quando sinto sono, eu durmo. Seja lá o que ocorrer, deixo ocorrer. Nunca interfiro".

Isso é tudo que deve ser feito – não interfira. E tudo o que ocorrer, deixe acontecer; simplesmente esteja presente. Isso lhe permitirá ficar atento. E quando você fica atento, essa técnica simplesmente está em suas mãos.

Onde quer que sua atenção desperte, vivencie-a nesse preciso lugar.

Você vivenciará a pessoa que está vivenciando; você retornará a si mesmo. Voltará a si mesmo de todos os lugares; será refletido de todos os lugares. A existência como um todo se tornará um espelho; você estará refletido em todos os lugares. A existência toda o espelhará e só então poderá conhecer-se, não antes.

A não ser que a existência como um todo se torne um espelho para você, a não ser que cada parte da existência revele sua pessoa, a não ser que todo relacionamento o abra...

A existência como um todo se tornará um espelho; você estará refletido em todos os lugares.

Você é um fenômeno tão infinito que os espelhos comuns não servirão. Você constitui uma existência tão ampla em seu interior, que, a não ser que a existência como um todo se torne um espelho, você não será capaz de obter um vislumbre. Quando todo o universo tornar-se um espelho, então você se espelhará. Existe o divino em você.

E a técnica para tornar a existência um espelho é: criar atenção, tornar-se mais alerta, e, então, em todo lugar onde sua atenção despertar – em qualquer lugar para qualquer objeto – passe de imediato a vivenciar-se. Isso é possível, mas no presente momento torna-se impossível, porque você não satisfaz as exigências básicas.

Você pode olhar uma flor, porém isso não é atenção. Você apenas se encontra correndo perto da flor, sempre em torno dela. Você viu a flor enquanto corria; você não esteve lá durante um único momento.

Em todo local onde sua atenção despertar, você pode vivenciar.

Simplesmente lembre-se de si mesmo.

Há uma razão profunda por que essa técnica pode ajudar. Você pode jogar uma bola e atingir um muro – a bola retornará. Quando você olha uma flor ou uma face, uma certa energia está sendo desperdiçada – seu olhar é energia. E você não está consciente de que, quando olha, está investindo alguma energia, está desperdiçando alguma energia. Uma certa quantidade de energia da vida está sendo desperdiçada. É por esse motivo que você se sente exausto, após olhar as ruas durante todo o dia: as pessoas passando, os anúncios, a multidão, as lojas. Olhar tudo o deixa exausto e então você quer fechar os olhos, relaxar. Por que você está se sentindo exausto? Você tem desperdiçado energia.

Buda e Mahavir insistiram para que seus monges não olhassem muito; eles precisam concentrar-se no solo, afirmava. Nas palavras de Buda, você só pode olhar até um metro à frente. Não olhe para qualquer lugar; olhe apenas o caminho que está percorrendo. Olhar um metro à frente é o suficiente, porque quando você tiver avançado um metro, estará novamente olhando um metro à frente. Não olhe mais distante do que isso, porque você não deve desperdiçar energia desnecessariamente.

Quando olha, você está desperdiçando certa quantidade de energia. Espere, permaneça em silêncio, permita que a energia retorne e ficará surpreso. Se puder permitir que a energia volte, nunca se sentirá exausto. Faça-o. Tente isso amanhã cedo. Permaneça em silêncio, olhe algo. Fique em silêncio, não pense a respeito disso, e espere pacientemente durante um único momento – a energia retornará; na realidade você pode ficar revitalizado.

Sem o pensamento, a energia retorna; não existe barreira. E se você estiver presente, irá reabsorvê-la, essa reabsorção é rejuvenescedora. Em vez de seus olhos estarem cansados, eles se sentirão mais descansados, mais vitalizados, plenos de mais energia.

ocupando espaço

Todos precisamos de um certo lugar no espaço. Sempre que as pessoas invadem esse espaço, nossa energia diminui e entramos em pânico.

E esse espaço está se tornando cada dia menor. O mundo está se tornando muito aglomerado. Em todo lugar – no trem, no ônibus, no teatro, na rua, nas lojas, nos restaurantes, nas faculdades, nas escolas – há uma grande multidão de pessoas e desapareceu o espaço necessário para o crescimento do indivíduo. Um estresse profundo surgiu em todo ser humano, é o que se denomina a "síndrome do estresse" e agora tem-se tornado quase normal.

Todos estão estressados, e isso se tornou normal, as pessoas não têm consciência dele. Ele cria muitos tipos de doenças internas, particularmente os tipos relacionados à tensão.

Observe as pessoas no trem, de pé lado a lado, quase esmagadas pelas demais – encolhidas, duras, impassíveis, imóveis, porque têm receio. Caso se movam, a energia se move e, portanto, permanecem impassíveis como se estivessem mortas, de modo que não conseguem sentir a presença do outro. É desse modo que os corpos têm-se tornado cada vez mais amortecidos e insensíveis.

Você tem de fazer algo a respeito, caso contrário essa situação criará problemas. Há algo que você pode fazer sempre que as pessoas se encontram próximas e você sente o primeiro sinal de pânico, receio e fadiga. Expire profundamente e elimine o ar. Simplesmente sinta que todo o estresse está sendo eliminado com o ar. Em seguida inspire profundamente. Inspire ar fresco e sinta que o seu tórax, sua passagem interna, está se expandindo. Respirar sete vezes será o suficiente e, repentinamente, verá que não existe um problema.

O aspecto mais importante é a idéia de que ao expirar você estará eliminando o estresse. A respiração pode ser usada para atrair muitas coisas e para eliminar muitas outras. Ela é a sua parte mais vital. Então tudo o que fizer à sua respiração estará fazendo a você mesmo. Quando você está em paz, à vontade, sua respiração é diferente. Apenas observando sua respiração, você pode perceber que tipo de estado está acontecendo em sua mente.

paladar consciente

Comemos muito inconscientemente, automaticamente, como um robô. Se o paladar não for vivenciado e experimentado, você estará apenas se empanturrando. Vá devagar e perceba o sabor. Não se limite a engolir a comida. Prove-a sem pressa e torne-se o sabor. Quando sentir doçura, torne-se essa doçura, e ela pode ser sentida em todo o corpo – não apenas na boca, na língua, ela pode ser sentida em todo o corpo, espalhando-se em ondulações.

Seja o que estiver comendo, sinta o sabor e torne-se o sabor. Sem o sabor seus sentidos serão mortificados. Eles se tornarão cada vez menos sensíveis. E com menos sensibilidade você não será capaz de sentir seu corpo e de perceber seus sentimentos. Então você simplesmente permanecerá centrado na cabeça.

Ao beber água, sinta o frescor. Feche seus olhos, beba-a lentamente, prove-a. Sinta o frescor e sinta que você se tornou esse frescor, porque ele está sendo transferido da água para você; está se tornando uma parte de seu corpo. Sua boca a está tocando, sua língua a está tocando e o frescor é transferido. Permita-o acontecer a todo seu corpo. Permita que suas ondulações se espalhem e você sentirá um frescor em todo seu corpo. Desse modo, sua sensibilidade pode aumentar e você pode tornar-se mais alerta e mais gratificado.

o sorriso interior

Sempre que estiver sentado e não tiver nada para fazer, relaxe seu maxilar e abra a boca apenas ligeiramente. Comece a respirar pela boca, mas não de modo profundo. Simplesmente permita que o corpo respire de maneira que a respiração seja leve e se torne cada vez mais superficial. E quando sentir que a respiração se tornou muito leve, a boca está entreaberta e seu maxilar relaxado, todo o seu corpo se sentirá muito relaxado.

Nesse momento comece a sentir um sorriso – não na face, mas em todo o seu ser interior. Não é um sorriso que aflora aos lábios –, trata-se de um sorriso existencial que se espraia internamente.

Não há necessidade de sorrir com os lábios da face – mas apenas como se estivesse sorrindo a partir do abdômen; o abdômen está sorrindo. E é um sorriso, não uma risada, portanto é muito suave; delicado, frágil, como uma pequena rosa abrindo-se no abdômen, permitindo que sua fragrância se espalhe por todo o corpo.

Após ter percebido o que é esse sorriso, você pode permanecer feliz por 24 horas. E sempre que sentir que está lhe faltando felicidade, simplesmente feche seus olhos e, apossando-se novamente daquele sorriso, ele estará presente. E durante o dia você pode retê-lo quantas vezes desejar. Ele sempre estará presente.

levantar-se com o sol

Apenas quinze minutos antes de o sol nascer, quando o céu estiver se tornando um pouco mais claro, espere e observe da mesma maneira pela qual uma pessoa espera por um ser amado: tão alerta, tão profundamente ansioso, tão esperançoso e excitado – e, no entanto, silencioso. E permita simplesmente que o sol nasça e continue a observar. Não há necessidade de olhar fixamente; você pode piscar seus olhos. Tenha a sensação de que algo em seu interior está nascendo ao mesmo tempo.

Quando o sol aparecer no horizonte, comece a sentir que se encontra bem perto do umbigo. Ele surge lá; e, nesse ponto, no interior do umbigo, levanta-se aos poucos, vagarosamente. O sol está nascendo lá e dentro do umbigo está surgindo um ponto interior de luz.

Apenas dez minutos serão suficientes. Feche seus olhos.

Quando você vê pela primeira vez o sol com olhos abertos, cria-se um negativo e, portanto, quando fecha seus olhos pode ver o sol resplandecendo no interior.

E isso irá mudá-lo consideravelmente.

dizer sim

Nossa atitude básica é "Não". Por quê? Porque quando diz não você se considera ser alguém. A mãe sente que é alguém – ela pode dizer não. A criança recebe uma negativa, o ego da criança fica machucado e o da mãe gratificado. "Não" é gratificação do ego, alimento para o ego, razão pela qual nos treinamos para dizer não.

Dirija-se a todo segmento da vida e você encontrará pessoas, em todos os lugares, que regularmente dizem não, porque com o "não" você sente sua autoridade – é alguém, você pode dizer não. Dizer "Sim, senhor" o faz sentir-se inferior; você sente que é subordinado de alguém, um ninguém. Então diga "Sim, senhor".

Sim é positivo e não é negativo.

Lembre-se disso: o não satisfaz o ego, o sim é o método para descobrir o eu. Não é fortalecimento do ego; sim é destruí-lo.

Descubra inicialmente se você consegue dizer sim. Se não consegue dizer sim, se é impossível dizer, somente então diga não.

Nosso método usual consiste em primeiro dizer não; caso seja impossível dizer não, só então, com uma atitude de derrota, efetivamente dizemos sim.

Tente isso algum dia. Faça uma promessa de que durante 24 horas você tentará em toda situação começar com o sim. Veja que relaxamento profundo isso lhe proporciona. Simplesmente coisas comuns! A criança pede para ir ao cinema. Ela irá; seu "não" nada significa. Ao contrário, seu "não" se torna um convite, seu "não" se torna um atrativo porque, enquanto você está reforçando seu ego, a criança também está tentando reforçar o dela. Tentará posicionar-se contra o seu não e ela conhece maneiras para tornar seu não um sim, sabe como transformá-lo. Ela sabe que é necessário apenas um pouco de esforço, de insistência, e seu não se torna sim.

Durante 24 horas tente de todas as maneiras começar com um sim. Você sentirá grande dificuldade porque se tornará consciente: imediatamente o não aparece primeiro! Em tudo o não aparece primeiro – isso se tornou um hábito. Não o empregue; use o sim e veja como o sim o relaxou.

livrando-se da agitação

Toda noite sente-se em uma cadeira e permita que sua cabeça penda para trás, relaxada e em repouso. Você pode usar um travesseiro para ficar em uma posição de repouso e não causar tensão no pescoço. Relaxe seu maxilar – simplesmente relaxe-o para que a boca se abra ligeiramente – e comece a respirar pela boca, não com o nariz. Mas a respiração não deve ser alterada, deve ser da maneira como é – natural. As primeiras vezes que você inspirar o ar serão um pouco erráticas. Logo o ar que você inspira se acomodará e a respiração ficará muito suave. O ar penetrará e sairá muito levemente; é dessa maneira que deve ser. Mantenha a boca aberta, os olhos fechados e repouse.

Comece então a sentir que suas pernas estão se tornando soltas, como se estivessem sendo removidas de você, partidas nas articulações. Sinta-se como se estivessem sendo tiradas de você – foram removidas – e então comece a pensar que você é formado apenas pela parte superior. As pernas se foram.

Em seguida as mãos: imagine que ambas as mãos estão se tornando soltas e sendo removidas. Você pode até ser capaz de ouvir um "clique" interior quando elas são tiradas. Você não é mais suas mãos; elas estão mortas, removidas. Permanece então apenas o tronco.

Comece então a pensar a respeito da cabeça – que ela está sendo tirada; você está sendo decapitado e a cabeça se soltou. Deixe-a solta: para o lado que girar – direita ou

Essa parte essencial relaxará e a energia começará a fluir...

esquerda – você nada pode fazer. Simplesmente deixe-a solta, ela foi removida.

Você possui então apenas o seu tronco. Sinta que você é apenas isso, o tórax e o abdômen, nada mais.

Faça isso durante pelo menos vinte minutos e depois vá dormir. Isso deve ser feito um pouco antes de dormir. Faça-o durante três semanas pelo menos.

Sua agitação diminuirá. Considerando essas partes separadas, só o essencial permanecerá e, portanto, toda sua energia se transferirá para a parte essencial. Essa parte essencial relaxará e a energia começará a fluir novamente em suas pernas, em suas mãos e em sua cabeça, dessa vez de modo mais proporcional.

mantendo contato com o coração

Sentir é vida real. Pensar é impostura, porque pensar é sempre a respeito de algo; nunca é a coisa real. Não é pensar no vinho que pode torná-lo embriagado, é o vinho. Você pode continuar pensando no vinho, porém, só pensando nele, nunca ficará embriagado. Você terá de bebê-lo e o ato de beber ocorre por meio da sensação.

Pensar é uma pseudo-atividade, uma atividade substituta. Ela lhe proporciona uma sensação falsa de algo acontecendo e nada acontece. Então passe do pensar para o sentir e a melhor maneira será começar respirando com o coração.

Durante o dia, quanto mais vezes você se lembrar, simplesmente respire profundamente. Sinta a respiração atingindo-o bem no meio do tórax. Sinta como se toda a existência estivesse penetrando em você, no lugar em que se encontra seu centro cardíaco. Ele difere de acordo com as pessoas; normalmente se inclina à direita. Ele não possui relação com o coração físico. É algo totalmente diferente – pertence ao corpo sutil.

Respire profundamente e, sempre que o fizer, faça-o pelo menos cinco vezes com inspirações profundas. Inspire o ar e preencha o coração. Simplesmente o sinta no meio, que a existência está entrando pelo coração. Vitalidade, vida, o divino, natureza – tudo penetrando. Expire então profundamente, de novo do coração e sinta que está extravasando tudo o que lhe foi proporcionado de volta para o divino, para a existência.

Faça-o muitas vezes durante o dia, mas sempre que o fizer, inspire cinco vezes em seguida. Isso o ajudará a mudar da cabeça para o coração.

Você se tornará cada vez mais sensível, cada vez mais consciente de muitas coisas das quais não estava antes. Você usará mais o olfato, mais o paladar, mais o toque de mãos. Você verá mais, ouvirá mais; tudo se tornará intenso. Portanto, passe da cabeça para o coração e todos os seus sentidos se tornarão repentinamente luminosos. Você começará a sentir a vida realmente pulsando em você, pronta para saltar e para fluir.

...todos os seus sentidos se tornarão repentinamente luminosos.

o exercício pare!

Pare, pare completamente... Apenas esteja presente...

Comece fazendo um exercício muito simples pelo menos seis vezes ao dia. Leva apenas meio minuto de cada vez, o que corresponde a três minutos por dia. É a meditação mais rápida do mundo! Porém você tem de realizá-la repentinamente – essa é sua única finalidade.

Andando na rua, de repente você se recorda. Pare, pare completamente, sem fazer movimento.

Apenas esteja presente durante meio minuto. Seja qual for a situação, pare completamente e apenas esteja consciente do que estiver acontecendo. O ato de parar tem de ser feito repentinamente. Comece então a movimentar-se de novo. Faça isso seis vezes ao dia. Você pode fazê-lo com mais freqüência, mas não com menos; isso trará uma grande abertura.

Se você apenas se tornar presente repentinamente, toda a energia se altera. A continuidade que decorria na mente pára. E é tão súbita que a mente não consegue criar um novo pensamento com tanta rapidez. Ela leva tempo, pois a mente é estúpida.

Em qualquer lugar, no momento em que se lembrar, simplesmente dê um solavanco com todo seu ser e pare. Você não se tornará apenas consciente. Logo sentirá que as outras pessoas se tornaram conscientes de sua energia – de que algo aconteceu; algo vindo do desconhecido está entrando em você.

livrando-se das amarras

Sentindo-se triste? Dance ou fique sob o chuveiro e observe a tristeza desaparecer de seu corpo, à medida que o calor do corpo desaparece. Sinta que, com a água do chuveiro caindo sobre você, a tristeza estará sendo removida, à medida que o suor e a poeira são removidos do corpo. Veja o que acontece.

Tente colocar a mente em uma tal situação, que ela não consiga funcionar do modo antigo.

Qualquer coisa servirá. Na realidade todas as técnicas desenvolvidas ao longo dos séculos não passam de maneiras para tentar afastar a mente dos padrões antigos.

Por exemplo, se você se sente irritado, simplesmente respire algumas vezes de modo profundo. Inspire profundamente e expire profundamente, por apenas dois minutos, e então observe onde foi parar sua irritação. Você confunde a mente, pois ela não consegue correlacionar as duas situações. "Desde quando", a mente começa a perguntar, "alguém chegou a respirar profundamente estando irritado? O que está acontecendo?"

Portanto, faça qualquer coisa, porém nunca a repita; esse é o ponto básico. Caso contrário, se a cada vez que se sentir triste você tomar um banho, a mente se acostumará com esse hábito. Após três ou quatro vezes, a mente aprende: "Isso está certo. Você está triste; por isso está tomando banho". Então ela se torna parte integrante e parceira de sua tristeza. Não, nunca o repita. Simplesmente prossiga provocando a mente a cada vez. Seja inovador, seja imaginativo.

Seu parceiro diz algo e você fica brava. Normalmente quando isso acontece você quer atacá-lo ou lançar um objeto nele. Dessa vez, mude: vá e o abrace! Dê-lhe um grande beijo e também o deixe intrigado! Sua mente ficará intrigada e ele ficará intrigado. Subitamente as coisas não são mais as mesmas. Então você perceberá que a mente é um mecanismo; que, com o novo, ela simplesmente fica perplexa; ela não consegue lidar com o novo.

Abra a janela e deixe que uma nova brisa penetre.

simplesmente escutando

Escutar é uma participação profunda que envolve o corpo e a alma. E é por esse motivo que tem sido usado como um dos métodos mais poderosos de meditação... porque escutar lança uma ponte entre duas infinidades: a material e a espiritual.

Sempre que estiver sentado, simplesmente escute o que está ocorrendo. Há um mercado e há muito ruído e tráfego; você pode ouvir um trem e um avião. Escute, sem pensar na mente que há ruído. Escute como se estivesse escutando música, com compreensão, e subitamente você verá que a qualidade do ruído se alterou. Ele deixa de desviar a atenção, pára de perturbar; pelo contrário, torna-se muito tranqüilizador.
Se escutado corretamente, até o mercado se torna uma melodia.

Portanto, o que você está escutando não constitui o aspecto fundamental; o importante é que você está escutando e não apenas ouvindo.

Mesmo se você estiver escutando algo que nunca considerou que valesse a pena ser ouvido, escute-o de modo muito alegre – como se estivesse escutando uma sonata de Beethoven – e subitamente notará que você transformou a qualidade do que está sendo escutado. Isso se torna maravilhoso.

pilar de energia

Um certo silêncio imediatamente se apossa de você caso permaneça tranqüilo. Tente isso no canto de seu quarto. Bem no canto, permaneça de pé silenciosamente, sem fazer nada. De repente a energia também permanece em você. Sentado, você sentirá muitas perturbações na mente, porque permanecer sentado é a postura de um pensador; ficando de pé, a energia flui como um pilar e é distribuída igualmente por todo o corpo. Permanecer de pé é lindo.

Tente isso porque uma parte de você o considerará muito, muito bonito. Se você conseguir ficar de pé durante uma hora, é simplesmente maravilhoso. Só permanecer de pé sem fazer nada, sem se mexer, e constatará que algo se aloja em você, torna-se silencioso, a centralização ocorre e você se sentirá como um pilar de energia. O corpo desaparece.

abandone-se no silêncio

Sempre que tiver tempo, abandone-se no silêncio e isso é exatamente o que desejo afirmar – solte-se, como se você fosse um bebê no útero de sua mãe.

Sente-se no chão, apoiando-se sobre seus joelhos e então logo começará a sentir que deseja colocar sua cabeça no chão; coloque então sua cabeça no chão. Adote a postura uterina, como a de uma criança que permanece anelada no útero materno. E você sentirá imediatamente que o silêncio está se aproximando, o mesmo silêncio que existia no útero materno.

Sentado em sua cama, acomode-se debaixo de um cobertor e encolha-se. E permaneça lá... totalmente imóvel, sem fazer nada. Algumas vezes surgirão alguns pensamentos – deixe-os passar, seja indiferente, sem nenhuma preocupação. Se eles surgirem, ótimo, se não surgirem, ótimo. Não lute, não os afaste. Se você lutar, ficará perturbado. Caso você os afaste, se tornarão persistentes; se você não os desejar, eles oporão muita resistência para se dissipar.

Simplesmente permaneça sem preocupações; deixe-os ficar na periferia, como se o barulho do tráfego estivesse presente.

E realmente é um ruído do tráfego – o tráfego de milhões de células no cérebro comunicando-se entre si, a energia se movendo e a eletricidade saltando de uma célula para outra. É simplesmente o barulho de uma grande máquina, portanto deixe que permaneça lá. Torne-se completamente

...solte-se, como se você fosse um bebê no útero de sua mãe.

indiferente a ele; não lhe diz respeito, não é seu problema – talvez o problema de outra pessoa, mas não o seu. O que você tem a ver com ele?

E você ficará surpreso: momentos virão em que o ruído desaparecerá, desaparecerá por completo, e você ficará totalmente só. Nesse estado de solidão total, você encontrará o silêncio. Uma postura uterina – como se estivesse no útero materno e não existisse muito espaço, você se encolhe e está frio, então se cobre com um cobertor.
Isso se tornará um útero perfeito, quente e escuro, e você se sentirá muito, muito pequeno. Isso lhe proporcionará uma grande percepção de seu ser.

apreciando o drama teatral

Todo este mundo é simplesmente como uma peça de teatro, portanto não o leve muito a sério. A seriedade o forçará a ter problemas. Não encare o mundo com seriedade. Nada é sério; todo este mundo é apenas uma peça teatral. Se puder vislumbrá-lo como um teatro, você ganhará novamente sua consciência original.

A poeira se acumula porque você é muito sério. Essa seriedade cria problemas e somos tão sérios que, mesmo enquanto assistimos a um drama, acumulamos poeira.

Vá a um cinema e observe os espectadores. Não olhe a tela, esqueça o filme; não olhe a tela, observe apenas os espectadores no cinema. Alguém estará chorando e as lágrimas estarão escorrendo, alguém estará rindo, alguém ficará excitado sexualmente. Só observe as pessoas. O que estão fazendo? O que está lhes acontecendo? E não há nada na tela a não ser imagens – imagens de luz e sombra.

A tela está vazia. Mas por que eles se tornam excitados? Eles estão chorando, gritando, rindo. A imagem não é somente uma imagem; o filme não é somente um filme. Eles se esqueceram de que se trata apenas de uma história. Eles a consideraram seriamente. Tornou-se viva, é "real"!

E isso está acontecendo em todos os lugares, não apenas nos cinemas. Observe toda a vida que há em seu redor. O que ela é? Muitas pessoas viveram neste planeta. Onde você está sentado, pelo menos dez corpos mortos estão enterrados nesse lugar e eles também eram sérios como você. Agora eles

Nada é sério; todo este mundo é apenas uma peça teatral.

não existem mais. Para onde foram essas vidas? Para onde foram os problemas que tinham? Eles estavam lutando – lutando por um único centímetro de terra e a terra ainda está lá e eles deixaram de existir.

E não estou dizendo que os problemas que tinham não eram problemas. Eles eram, como são seus problemas, simplesmente problemas. Eram "sérios" – questões de vida e de morte. Mas onde estão os problemas dessas pessoas? E se toda a humanidade desaparecesse um dia, o planeta ainda existiria, as árvores cresceriam, os rios fluiriam e o sol nasceria e a Terra não sentiria nenhuma ausência, nem teria interesse em saber onde a humanidade se encontrava.

Observe a extensão; olhe para trás, olhe à frente, olhe todas as dimensões que compõem o seu ser, o que é a sua vida. Parece ser um sonho demorado e tudo o que você leva tão a sério, neste momento, se torna irrelevante no momento seguinte. Você não pode sequer lembrar-se disso. Lembre-se de seu primeiro amor, como era sério. A vida dependia dele. Agora você nem sequer o recorda, está esquecido. E o que você considera fundamental para sua vida hoje será esquecido no final.

A vida é um fluxo, nada permanece. É como se fosse uma imagem em movimento, tudo mudando para algo mais. Porém, na ocasião, você a julga muito séria e fica perturbado.

Na Índia, consideramos este mundo não uma criação de Deus, mas uma peça, um jogo, um *leela*. O conceito de *leela* é maravilhoso, porque a criação parece séria. O Deus cristão e judaico é muito sério. Mesmo por um único ato de desobediência, Adão foi expulso do Jardim do Éden – e não só ele foi expulso, como toda a humanidade foi expulsa por causa dele. Ele era nosso pai e estamos sofrendo por causa dele. Deus parece ser muito sério: ele não deve ser desobedecido, caso contrário se vingará.

E a vingança tem-se prolongado por tanto tempo! O pecado não parece ser tão sério. Na realidade Adão o cometeu por causa da própria tolice de Deus. Deus Pai disse a Adão: "Não chegue perto da árvore, a Árvore do Conhecimento, e não coma do seu fruto".

Essa proibição se tornou um convite e isso é psicológico. Naquele jardim grande somente aquela Árvore do Conhecimento tornou-se atrativa. Ela era proibida. Qualquer psicólogo pode lhe dizer que Deus cometeu um erro. Se o fruto daquela árvore não era para ser comido, teria sido melhor simplesmente não ter falado sobre ela. Não haveria possibilidade de Adão alcançar aquela árvore e toda a humanidade ainda estaria no Jardim do Éden.

Porém a ordem "Não coma" criou o problema; esse "não" criou todo o problema.

Pelo fato de Adão haver desobedecido, foi expulso do Céu e a vingança parece ter continuado por longo tempo. E os cristãos afirmam que Jesus foi crucificado apenas para nos redimir – para nos redimir do pecado que Adão cometeu. Portanto, todo o conceito cristão de História se apóia em duas pessoas – Adão e Jesus. Adão cometeu o pecado e Jesus sofreu para nos redimir dele, permitindo-se ser crucificado. Ele sofreu para que o pecado de Adão pudesse ser perdoado.

Contudo, não parece que Deus já tenha nos perdoado. Jesus foi crucificado, porém a humanidade continua sofrendo do mesmo modo.

O próprio conceito de Deus como um pai é feio, pleno de seriedade.

O conceito hindu não é o de um criador. Deus é apenas um jogador; Ele não é sério. Este é somente um jogo. Há regras, porém as regras de um jogo. Você não precisa encará-las com seriedade. Nada é pecado – somente o erro e você sofre por causa do erro, não porque Deus o pune. Você sofre caso não siga as regras. Deus não o está punindo.

Todo o conceito de *leela* atribui à vida uma cor dramática; torna-se um longo drama. E a técnica se baseia nesse conceito: se você está infeliz, considerou a vida com muita seriedade.

Não tente descobrir um meio para ser feliz. Apenas mude sua atitude. Você não consegue ser feliz com uma mente séria. Com uma mente festiva você pode ser feliz. Considere toda essa vida um mito, uma história. Ela é, e, após considerá-la desse modo, você não será infeliz. A infelicidade resulta de um excesso de seriedade.

Tente por sete dias; lembre-se de uma coisa somente, durante sete dias – que o

Durante sete dias encare tudo como uma peça de teatro, apenas como um espetáculo.

mundo todo é apenas uma peça – e você não será o mesmo novamente. Apenas por sete dias! Você não perderá muito porque nada tem a perder. Você pode tentar. Durante sete dias encare tudo como uma peça teatral, apenas como um espetáculo.

Esses sete dias lhe darão muitos vislumbres de sua natureza buda e de sua pureza interna. E, após ter obtido um vislumbre, você não será o mesmo outra vez.

Você será feliz e não consegue conceber que tipo de felicidade pode lhe acontecer, porque não teve nenhuma felicidade. Você conheceu apenas graus de infelicidade: algumas vezes estava mais infeliz, outras, menos infeliz e, quando estava menos infeliz, você a denominava felicidade. Você não sabe o que é a felicidade, porque não é capaz de saber.

Quando você considera o mundo de modo muito sério, não pode saber o que é felicidade. A felicidade acontece apenas quando você se baseia na atitude de que o mundo é apenas uma peça. Portanto, tente isso e faça tudo de um modo muito festivo, celebrando, participando de um "ato" – não da coisa real. Se você for um marido, atue, seja um marido – ator; se você for uma esposa, seja uma esposa – atriz. Torne a vida parecida com um jogo.

E, evidentemente, há regras; qualquer jogo precisa de regras para ser jogado. O casamento tem suas regras e o divórcio possui suas regras, porém não as considere com seriedade. Elas são regras e uma regra gera outra. O divórcio é ruim porque o casamento é ruim: uma regra gera outra! Porém não as considere seriamente e então observe como a qualidade de sua vida muda imediatamente.

Vá para casa esta noite e comporte-se com seu marido ou com seus filhos como se estivesse participando de uma peça de teatro, e veja a beleza dela. Se estiver desempenhando um papel, tentará ser eficiente, porém não ficará perturbado. Não há necessidade. Você desempenhará o papel e irá dormir. Porém, lembre-se: é um papel, e durante sete dias mantenha continuamente essa atitude. Então a felicidade pode vir a você e, depois de saber o que é felicidade, você não precisará mover-se na infelicidade, porque ela é a sua escolha.

Você é infeliz porque optou por uma atitude errada em relação à vida. Você consegue ser feliz se optar por uma atitude certa. Buda a considera uma base, um fundamento – "atitude certa". O que é atitude certa? Qual é o critério? Para mim o critério é: a atitude que o torna feliz é a atitude certa e não há um critério objetivo. A atitude que o torna infeliz e sofredor é a atitude errada. O critério é subjetivo; sua felicidade é o critério.

complete o círculo – uma meditação no espelho

Sua consciência está fluindo para o exterior – isso é um fato, não uma questão de acreditar. Quando você olha um objeto, sua consciência flui em direção a ele.

Por exemplo, você está olhando para mim. Se esquece sua pessoa e focaliza em mim, então sua energia flui em minha direção e seus olhos apontam para mim. Isso é extroversão. Você vê uma flor e fica encantado e se concentra na flor. Você passa a esquecer-se de sua pessoa, caso fique atento apenas para a beleza da flor.

Isso nós sabemos que ocorre a todo momento. Uma mulher bonita passa e subitamente sua energia começa a segui-la. Conhecemos esse fluxo de luz dirigido ao exterior. Essa é só parte da história. Entretanto, cada vez que a luz flui para fora, você fica em posição secundária, tornando-se esquecido de si mesmo.

A luz tem de fuir de volta, e portanto você é o agente e o paciente ao mesmo tempo, simultaneamente, de modo que vê a si mesmo.

Então o autoconhecimento é liberado.

Normalmente vivemos apenas desse modo parcial – meio vivos, meio mortos, essa é a situação. E lentamente, vagarosamente, a luz continua fluindo para fora e nunca retorna. Você vê isso, vê aquilo, está vendo continuamente, sem sequer retornar a energia para quem vê. De dia você vê o mundo, à noite, sonhos, mas permanece constantemente apegado aos objetos. Isso é dissipar energia.

A experiência taoísta é que essa energia que você gasta em sua extroversão pode ser cada vez mais cristalizada em vez de gasta, caso você aprenda a ciência secreta de transformá-la em sentido inverso. Isso é possível; essa é toda a ciência de todos os métodos de concentração.

Simplesmente em frente ao espelho um dia, tente uma pequena experiência. Você está olhando no espelho, seu próprio rosto no espelho, seus próprios olhos no espelho. Então, durante um instante, inverta todo o processo. Comece a sentir que você está sendo visto pelo reflexo no espelho – não que você esteja vendo o reflexo, mas que o reflexo o esteja vendo – e você estará em um espaço muito estranho. Embora não seja mencionado nos escritos taoístas, isso parece-me a experiência mais simples que alguém pode fazer e de modo muito fácil. Apenas em frente a um espelho em seu banheiro, observe primeiro o reflexo: você está vendo e o reflexo é o objeto. Isto é extroversão: você está olhando para dentro do rosto que aparece no espelho – seu próprio rosto, evidentemente, mas é um objeto fora de você. Mude então toda a situação, inverta o processo.

Comece a sentir que você é o reflexo e o reflexo o está vendo. E imediatamente você

...olhe a rosa... a rosa está olhando para você.

verá uma mudança acontecendo, uma grande energia movendo-se em sua direção. Simplesmente tente isso durante alguns minutos e você ficará muito desperto e algo de enorme poder começará a penetrá-lo. Você pode até ficar assustado porque nunca o conheceu antes; você nunca viu o círculo completo de energia.

No começo ele pode ser assustador, porque você nunca fez isso e nunca o conheceu; parecerá uma loucura. Você pode sentir-se perturbado, pode começar a tremer ou sentir-se desorientado, porque toda sua orientação até agora tem sido a extroversão. A introversão tem de ser aprendida lentamente. Mas o círculo está completo. E caso você o faça durante alguns dias, ficará surpreso com o quanto mais alerta se sentirá durante todo o dia – apenas alguns minutos de pé em frente ao espelho, permitindo que a energia volte para você a fim de que o círculo se complete. E sempre que o círculo se completa, ocorre um grande silêncio. O círculo incompleto cria agitação. Quando o círculo estiver completo, ele criará tranqüilidade, tornando-o centrado. E estar centrado significa ser poderoso – o poder é seu. E essa é só uma experiência; então você pode tentá-la de muitas maneiras.

Olhando a rosa, olhe primeiro a flor durante alguns momentos, alguns minutos, e inicie então o processo inverso: a rosa está olhando para você. E ficará surpreso com a quantidade de energia que a rosa pode lhe dar. E isso pode ser feito com as árvores, as estrelas e as pessoas. E a melhor maneira consiste em fazê-lo com a mulher ou o homem que você ama. Simplesmente olhem-se dentro dos olhos. Comece primeiro olhando o outro e comece a sentir o outro devolvendo a energia para você; a dádiva está retornando. Você se sentirá reenergizado, mergulhado, banhado em um novo tipo de energia. Você sairá da experiência rejuvenescido, revitalizado.

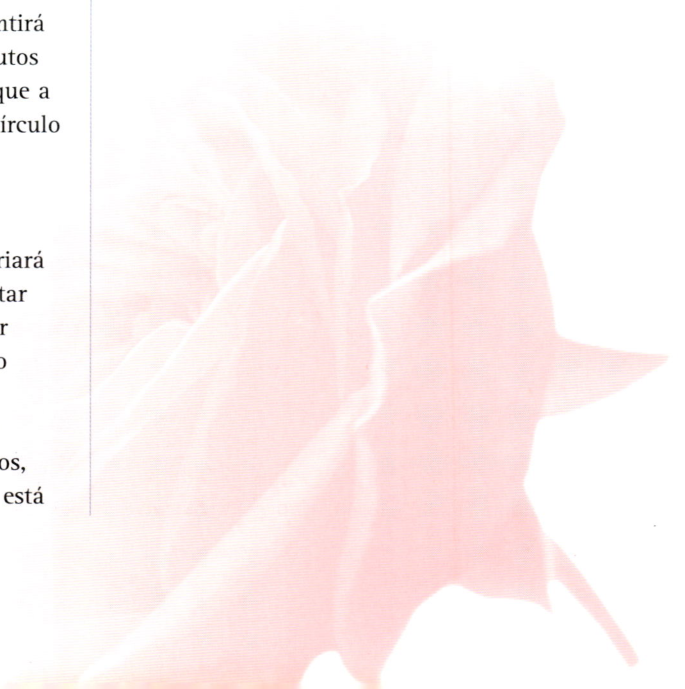

mude da cabeça para o coração

Tente sentir-se sem cabeça. Visualize-se sem cabeça; mova-se sem a cabeça. Parece absurdo, porém é um dos exercícios mais importantes. Tente-o e então você saberá. Caminhe e sinta-se como se não tivesse cabeça. No início será somente "como se". Será muito esquisito. Quando lhe vier a sensação de que você não possui cabeça, isso será muito esquisito e estranho. Porém, logo você se fixará no coração.

Existe uma lei... Você já deve ter observado que uma pessoa cega possui ouvidos mais apurados, ouvidos mais musicais. Os cegos são mais musicais; a sua sensibilidade pela música é mais profunda. Por quê? A energia que normalmente flui pelos olhos agora não consegue fazê-lo, e, portanto, escolhe um caminho diferente. Ela se move pelos ouvidos.

As pessoas cegas têm maior sensibilidade ao tato. Se um cego o tocar, você sentirá a diferença, porque normalmente realizamos muito trabalho com o tato por meio de nossos olhos; estamos nos tocando com os nossos olhos. Um cego não consegue tocar por meio dos olhos e, portanto, a energia flui pelas mãos. Um cego é mais sensível do que qualquer outra pessoa que enxerga. Algumas vezes pode não ser desse modo, mas geralmente o é. A energia principia a fluir de um outro centro, caso não se encontre aí um centro.

Tente, portanto, esse exercício de ausência de cabeça e subitamente sentirá algo estranho: será como se, pela primeira vez, você estivesse no coração. Caminhe sem

a cabeça. Sente-se para meditar, feche seus olhos e simplesmente sinta que não tem cabeça. Sinta que "minha cabeça desapareceu". No começo será apenas "como se", porém logo você sentirá que a cabeça realmente desapareceu. E quando sentir que sua cabeça desapareceu, seu centro se deslocará para o coração – imediatamente. Você olhará o mundo pelo coração e não pela cabeça.

Quando os ocidentais chegaram ao Japão pela primeira vez, não conseguiam aceitar que os japoneses tradicionalmente haviam acreditado durante séculos que as pessoas pensam por meio do abdômen. Se você perguntar a uma criança japonesa – caso ela não seja educada do modo ocidental – "Onde está seu pensamento?", ela apontará para o abdômen.

Séculos e séculos se passaram e o Japão tem vivido sem cabeça. Isso é apenas um conceito. Se eu lhe perguntar "Onde seu pensamento está ocorrendo?", você apontará para a cabeça, porém um japonês apontará para o abdômen. E essa constitui uma das razões por que a mente japonesa é mais tranqüila, sossegada e controlada. Porém, esse conceito foi alterado porque a cultura do Ocidente disseminou-se por tudo. Agora não existe o Oriente. Apenas em alguns indivíduos aqui e acolá, que são como ilhas, existe o Oriente. De outra maneira o Oriente desapareceu; agora todo o mundo é ocidentalizado.

Tente ficar sem cabeça. Medite de pé em frente a seu espelho no banheiro. Olhe bem no fundo de seus olhos e sinta que está olhando do coração. Logo o centro cardíaco começará a funcionar. E quando o coração funciona, ele muda sua personalidade total, a estrutura total, todo o padrão, porque o coração tem seu próprio sentido.

Portanto, a primeira orientação é tentar a inexistência da cabeça. Em seguida, seja mais amoroso, porque o amor não pode funcionar pela cabeça. Seja mais amoroso! É por esse motivo que, quando uma pessoa está apaixonada, ela perde a cabeça. As pessoas dizem que ela enlouqueceu. Se você não está louco e apaixonado, então não está realmente apaixonado. A cabeça precisa ser perdida. Se a cabeça está em seu devido lugar, sem ser afetada, funcionando normalmente, então o

amor não é possível, porque para amar você deve fazer que o coração funcione – não a cabeça. O amor é uma função do coração.

Acontece que quando uma pessoa muito racional se apaixona, ela se torna tola. Percebe a que tolice está se entregando. O que ela está fazendo? Então divide sua vida em duas partes. Cria uma divisão. O coração se torna silencioso, íntimo. Quando muda de casa, ela se afasta de seu coração. Vive no mundo com a cabeça e só desce até o coração quando está amando.

Porém é muito difícil e normalmente isso nunca acontece.

Eu estava em Bombaim na casa de um amigo, um oficial de polícia graduado. Sua esposa disse-me: "Tenho só um problema para lhe contar. Você pode ajudar-me?".

Então perguntei: "Qual é o problema?".

Ela respondeu: "Meu marido é seu amigo. Ele o adora e o respeita, portanto, se você lhe disser algo, isso pode ajudar".

Então eu lhe perguntei: "O que deve ser dito? Conte-me". Ela disse: "Ele continua sendo um oficial de polícia graduado mesmo na cama. Não conheci um amante, um amigo ou um marido. Ele é um oficial de polícia graduado 24 horas por dia".

É difícil, é difícil descer de seu pedestal. Isso se torna uma atitude fixa. Se você for um homem de negócios, permanecerá um homem de negócios mesmo na cama. É difícil acomodar duas pessoas em seu íntimo e não é fácil alterar seu padrão completamente, de imediato, a qualquer hora que desejar. É difícil, porém se você estiver apaixonado, terá de descer abaixo da cabeça.

Portanto, para essa meditação tente ser cada vez mais carinhoso. E quando digo mais carinhoso, quero dizer mude a qualidade de seu relacionamento: permita que ele se baseie no amor. Não apenas com sua mulher ou com seu filho ou com seu amigo, mas em relação à vida como tal, torne-se mais carinhoso. É por isso que Mahavir e Buda falaram sobre a não-violência. Era simplesmente para criar uma atitude de amor perante a vida.

Quando Mahavir se desloca, caminha, ele permanece consciente de que não deve matar sequer uma formiga. Por quê? Realmente, a formiga não lhe diz respeito. Ele está

Toque sua comida amorosamente, com gratidão: ela é sua vida.

descendo da cabeça para o coração. Está criando uma atitude amorosa para com a vida como tal. Quanto mais seus relacionamentos forem baseados no amor – todos os relacionamentos – mais seu centro cardíaco funcionará. Ele começará a trabalhar; você olhará o mundo com olhos diferentes, porque o coração possui sua própria maneira de olhar o mundo. A mente nunca consegue olhar dessa maneira – isso é impossível para a mente. A mente pode só analisar! O coração sintetiza; a mente pode apenas dissecar, dividir – ela é uma divisora. Apenas o coração proporciona unidade.

Quando você puder olhar com o coração, todo o universo se apresenta como uma unidade. Quando você trabalha com a mente, todo o mundo se torna atomizado. Não há unidade, só átomos e mais átomos. O coração proporciona uma experiência unitária, ele funde, e a síntese final é Deus. Se você puder olhar com o coração, todo o universo parecerá um. Esta unicidade é Deus.

É por esse motivo que a ciência nunca consegue encontrar Deus. Isso é impossível, porque o método aplicado nunca pode atingir a unidade definitiva. O método próprio da ciência é a razão, a análise, a divisão. Portanto, a ciência se resume a moléculas, átomos, elétrons. Os cientistas continuarão dividindo, porém nunca conseguirão descobrir a unidade orgânica do todo. O todo é impossível de olhar com a cabeça.

Por isso seja mais amoroso. Lembre-se: em tudo o que você fizer, a qualidade do amor precisa estar presente. Isso tem de ser uma lembrança constante. Você está caminhando na relva – sinta que a relva está viva. Toda folha está tão viva como você.

Seja amoroso. Seja amoroso mesmo com as coisas. Se estiver sentado em uma poltrona, seja amoroso. Sinta a poltrona; tenha um sentimento de gratidão. A poltrona lhe está proporcionando conforto. Sinta o toque, ame-a, tenha um sentimento amoroso. A poltrona em si não é importante. Se você estiver comendo, coma com amor.

Os hindus dizem que o alimento é divino. O significado é que, quando você está comendo, o alimento lhe está fornecendo vida, energia, vitalidade. Seja agradecido, trate o alimento com carinho.

Normalmente ingerimos o alimento de forma violenta, como se estivéssemos matando algo, não como se estivéssemos absorvendo – como se fôssemos matar. Ou de maneira muito indiferente você prossegue empanturrando alimento em seu abdômen, sem nenhum sentimento. Toque sua comida amorosamente, com gratidão: ela é sua vida. Coma-a, sinta seu sabor, aprecie-a. Não seja indiferente e não seja violento.

Nossos dentes são muito violentos por causa de nossa herança animal. Os animais não possuem outra arma; unhas e dentes são suas únicas armas de violência. Seus dentes são basicamente uma arma, então as pessoas prosseguem matando com seus dentes – elas matam sua comida. É por esse motivo que, quanto mais violento você for, de mais alimento precisará.

Porém, há um limite para o alimento e, portanto, a pessoa também fuma ou masca uma goma. Isso é violência. Você fica gratificado porque está matando algo com seus dentes, triturando algo com seus dentes, portanto a pessoa continua a mascar a goma. Isso é uma parte da violência. Faça o que estiver fazendo, mas faça-o carinhosamente. Não seja indiferente. Então seu centro cardíaco começará a funcionar e você penetrará profundamente no coração.

espaço aéreo para guerreiros da estrada

Você não pode encontrar situação melhor para meditar do que quando estiver voando a grande altitude. Quanto maior a altitude, mais fácil a meditação. Portanto, durante séculos, os meditadores têm-se deslocado para o Himalaia, a fim de alcançar uma altitude elevada.

Quando a gravidade estiver mais fraca e o solo estiver muito longe, as várias atrações da Terra estarão muito distantes. Você estará muito afastado da sociedade corrupta que a humanidade construiu. Você se encontrará rodeado por nuvens, estrelas, a Lua, o Sol e a vastidão do espaço.

Portanto faça algo: comece a sentir-se parte dessa vastidão e faça-o em três etapas.

Primeira etapa: durante alguns minutos pense apenas que você está se tornando maior e, logo, será capaz de sentir que você se tornou maior... você está preenchendo toda a cabine de comando.

Segunda etapa: comece a sentir que você está se tornando até maior, maior que o avião, pois na realidade o avião encontra-se agora dentro de você.

Terceira etapa: sinta que você se expandiu para todo o céu. Agora são as nuvens que estão se movendo em sua tela de radar, a Lua e as estrelas estão se movendo em você: você é vasto, ilimitado.

Essa sensação se tornará sua meditação e você se sentirá completamente relaxado, deixando de ficar tenso. Seu trabalho se tornará um simples brinquedo de criança e não lhe causará nenhum estresse – ele transcorrerá espontaneamente. Após o vôo, você chegará mais bem-disposto do que quando havia partido. E mantenha-se quieto. Diga às pessoas para não falarem muito com você, a não ser o necessário. Ou simplesmente pode colocar um aviso em você dizendo "Estou meditando", de modo que as pessoas saibam que não devem perturbá-lo. É ótimo... não há nada igual!

Na verdade, nos primeiros dias – quando o avião havia acabado de ser inventado –, a sensação do avião era a excitação do céu. Porém continuamos a perder sensações, porque elas se tornam muito rotineiras. Agora que as pessoas voam quase todos os dias, quem olha para o céu e quem olha para o Sol, criando cores psicodélicas maravilhosas nas nuvens – quem olha?

Portanto, comece a olhar para o céu que o envolve e logo ocorrerá uma união entre o céu interior e o céu exterior.

Quanto maior a altitude, mais fácil a meditação.

quinta parte

desfazendo os nós – meditações ativas para descobrir a tranqüilidade interior

Seja muito ativo para que toda sua energia comece a mover-se e nenhuma energia permaneça estática em você. Todas as partes congeladas de sua energia estão se derretendo e fluindo. Agora você não é algo congelado; tornou-se dinâmico. Você não é material; tornou-se elétrico.

Quando tudo estiver se movimentando e você tiver se tornado um ciclone, fique alerta. Lembre-se, seja cuidadoso – e encontrará subitamente nesse ciclone um centro que é de todo silencioso. Este é o centro do ciclone.
Este é você – você em sua divindade, você como um deus.

Ao seu redor tudo é atividade. Mas apenas no centro, em meio a todo esse movimento, há um ponto que não se move, o ponto inerte. Esse ponto inerte não precisa ser criado. Ele já está lá! Sempre esteve lá. Ele é seu próprio ser, o próprio fundamento de seu ser.

por que a catarse é útil

Corpo e mente funcionam juntos. A mente é o aspecto interno do corpo - trata-se de um fenômeno material, nada tem a ver com seu ser. Ela é tão matéria quanto seu corpo, logo, se você fizer algo com o corpo, a mente automaticamente será afetada. Portanto, ao longo do tempo as pessoas têm cultivado posturas - por exemplo, sentar-se em uma postura de lótus, forçando o corpo a permanecer como uma estátua, uma estátua de mármore. Se seu corpo for forçado a ficar realmente quieto, você verá sua mente penetrar em um tipo de silêncio, que é falso, não é verdadeiro. O corpo acaba de ser forçado pela postura que o impõe a ficar silencioso. Teste-o: simplesmente faça a postura de raiva com seus punhos, sua face, seus dentes; adote a postura de raiva e você ficará surpreso, começará a ficar irritado. É isso que o ator faz: ele move o corpo na postura desejada e a mente o segue.

Dois grandes psicólogos, James e Lange, descobriram uma teoria que provocou estranheza no início do século XX, conhecida como teoria James-Lange. Eles disseram algo bastante inusitado, que vai de encontro ao antigo senso comum ao longo dos séculos. Normalmente pensamos que quando um homem está assustado, ele foge; tendo medo, começa a correr. James e Lange disseram que isso não é verdade - ele corre porque sente medo.

Parece absurdo, mas há alguma verdade nisso. A verdade contida no senso comum era metade da verdade e essa é a outra verdade. Se você começar a rir, começará a sentir-se um pouco menos triste do que estava antes. Se você se aproximar e se sentar com alguns amigos, que estão rindo e contando piadas, esquecerá sua tristeza, sua infelicidade. Você começa a rir e, logo que começa a rir, sente-se bem. Você principia com o corpo.

Tente-o! Se você estiver se sentindo triste, comece a correr, prossiga correndo sete vezes em torno do quarteirão, respirando profundamente no sol e no vento; e, após sete voltas, pare e observe se sua mente é a mesma. Não, ela não pode ser a mesma. A mudança corporal alterou a mente.

A química do corpo altera a mente. Daí resultam as posturas ioga – elas são todas posturas para forçar a mente a um certo padrão. Isso não é um silêncio real. O silêncio real tem de ser um silêncio que surge sozinho. Minha sugestão é não forçar seu corpo. Preferentemente dance, cante, ande, corra, pratique o jogging, nade. Permita que o corpo execute todos os tipos de movimento para que isso ocorra também à sua mente, e, por meio de todos esses movimentos internos, a mente inicie a catarse e libere seus venenos.

Grite, fique bravo, bata em um travesseiro e você ficará surpreso – após bater no travesseiro, você se sente muito bem. Algo na mente foi liberado. Não importa se você estava batendo em seu namorado, em seu marido ou no travesseiro. O travesseiro servirá tão perfeitamente quanto o marido, porque o corpo não conhece em quem você está batendo. Simplesmente, com a própria postura de bater, a mente começa a liberar a irritação. Mente e corpo colaboram.

Inicie com a catarse para que você se torne vazio de todas as impurezas que estiveram se acumulando em você desde sua infância. Você ficava bravo, mas não podia porque sua mãe se tornava irritada caso ficasse bravo e, então, você reprimia o sentimento. Você estava bravo, queria gritar, mas não podia gritar; pelo contrário, sorria. Tudo isso está acumulado em seu interior e tem de ser expelido. E então espere... e um silêncio começa a descer sobre você. Esse silêncio tem uma beleza que lhe é própria. É totalmente diferente; sua qualidade é diferente, sua profundidade é diferente.

meditação com excesso de palavras

Você pode não estar dormindo bem à noite. Muito poucas pessoas dormem bem, portanto, se não tiver dormido bem à noite, você ficará um pouco cansado durante o dia. Se esse for o caso, então faça algo com relação a seu sono. Ele deve se tornar mais profundo. O tempo de sono não é um aspecto importante – você pode dormir oito horas, mas caso o sono não seja profundo, ainda assim você sentirá a necessidade de dormir –, profundidade é o ponto básico.

Toda noite, antes de ir dormir, tente essa pequena técnica, que ajudará consideravelmente. Apague a luz, sente-se em sua cama pronto para dormir, porém permaneça sentado durante quinze minutos. Feche seus olhos e então comece a emitir qualquer som monótono que não faça sentido, como lá, lá, lá – e espere para que a mente forneça novos sons. O único aspecto a ser lembrado é que esses sons ou palavras não devem fazer parte de nenhuma língua que você conheça. Se você conhece inglês, alemão e italiano, então não recorra a esses idiomas. Qualquer outra língua que você não conhece é permitida – tibetano, chinês, japonês. Porém, se você conhece a língua japonesa, ela não é permitida e o italiano torna-se então maravilhoso.

Fale qualquer idioma que não conheça. Sentirá dificuldade durante alguns segundos no primeiro dia, por que, afinal de contas como é possível falar uma língua que não se conhece? Ela pode sim ser falada, e quando isso começar, emita quaisquer sons, palavras que não fazem sentido, simplesmente para afastar o consciente e permitir que o inconsciente fale... Quando o inconsciente fala, ele não conhece uma língua.

Trata-se de um método muito antigo. Ele remonta ao Antigo Testamento, e naquele tempo era denominado *glossolalia* e algumas igrejas ainda o utilizam. Elas o denominam "falando em línguas". E é um método maravilhoso, um dos mais profundos e que mais penetram no inconsciente. Você principia dizendo "lá, lá, lá" e, então, diz qualquer coisa que surgir em sua mente. Você sentirá um pouco de dificuldade apenas no primeiro dia. Após você entendê-lo, já terá adquirido o jeito. Então durante quinze minutos, use a língua que surge em sua mente empregando-a como se fosse um idioma, como se estivesse falando nele. Isso relaxará o consciente profundamente.

Faça isso por quinze minutos e então simplesmente deite-se e durma. Seu sono se tornará mais profundo. Em questão de semanas, sentirá uma profundidade em seu sono e de manhã se sentirá totalmente revigorado.

comece o dia com uma risada

Quando se levantar, não abra primeiro seus olhos. Quando sentir que o sono passou, simplesmente comece a rir em sua cama.

Nos primeiros dois ou três dias isso será difícil, mas então acontece, e como uma explosão. No princípio isso é difícil porque você se sente um tolo: por que está rindo? Não há motivo. Porém, logo você se sentirá um tolo e começará a rir de sua tolice – e então ela o domina. Então ela se torna irreprimível. Então você ri de todo o absurdo. E então outra pessoa – sua esposa, sua namorada, o vizinho – pode começar a rir, vendo que você é um tolo e então isso o ajudará. A risada pode se tornar epidêmica.

um dispositivo de centralização

Você já está integrado. Não na periferia – na periferia há muita turbulência; você se encontra fragmentado na periferia. Desloque-se para o seu interior e, quanto mais profundo você for, mais perceberá que está integrado. Haverá um ponto, no mais íntimo santuário de seu ser, onde você descobrirá subitamente que é uma unidade, uma unidade absoluta. Portanto é uma questão de descobrir.

Como você o descobre? Há uma técnica muito simples, porém no começo parece muito difícil. Se tentar, verá que é simples. Se não tentar e somente pensar a respeito dela, parecerá muito difícil. A técnica consiste em fazer apenas o que lhe agrada. Se não gosta de algo, não o faça. Tente-o – porque a satisfação vem somente de seu centro. Se estiver fazendo algo e apreciá-lo, comece a ficar novamente conectado com o centro. Se fizer algo de que não gosta, você estará desconectado do centro. A alegria surge do centro e de nenhum outro lugar. Assim, deixe que ela seja um critério e esteja totalmente focado a respeito disso.

Você está caminhando na estrada; compreende subitamente que não está apreciando a caminhada. Pare. Terminou – isso não deve ser feito.

Costumava fazê-lo quando cursava a faculdade e as pessoas pensavam que eu estava louco. Parava subitamente e então permanecia naquele ponto durante meia hora, uma hora, até começar novamente a ter prazer em andar. Caso estivesse tomando banho e percebesse repentinamente que não o estava apreciando, eu pararia – pois qual seria então o motivo? Caso estivesse comendo e compreendesse subitamente que não estava apreciando os alimentos, pararia. Meus professores ficaram tão preocupados que, quando havia exames, eles me acomodavam em um carro e transportavam-me para a faculdade. Deixavam-me na porta do saguão e esperavam lá para ver se eu havia chegado ao meu lugar ou se tinha parado no meio da sala. Estudei matemática durante a escola secundária. No primeiro dia entrei na sala e o professor estava começando a apresentar a matéria. No meio da apresentação, levantei-me e tentei sair. Ele perguntou: "Onde você vai? Se você sair sem pedir permissão não deixarei você entrar de novo". Eu disse: "Não voltarei, não se preocupe".

É por esse motivo que não pedi licença. Terminou – não estou gostando da matéria! Encontrarei outra matéria que possa apreciar, porque se não posso apreciá-la, não irei estudá-la. Isto é tortura, isto é violência".

Logo isso se tornou uma chave. Descobri subitamente que, sempre que estiver gostando de algo, você está centralizado. A satisfação é apenas o som de estar centralizado. Sempre que não estiver apreciando algo, você está fora do centro. Nesse caso, não o force; não há necessidade. Se as pessoas julgarem que você está louco, deixe-as pensar desse modo. No intervalo de alguns dias você irá, por experiência própria, descobrir o que estava perdendo. Você estava fazendo mil e uma coisas que nunca apreciou e assim mesmo as fazia porque foi ensinado dessa maneira. Estava apenas cumprindo suas obrigações.

As pessoas chegaram até a destruir algo tão bonito como o amor. Você chega em casa e beija seu marido porque isso tem de ser feito dessa maneira, tem de ser feito. Bem, algo maravilhoso como um beijo, como uma flor, foi destruído. Logo, sem apreciá-lo, você continuará a beijar seu marido; você esquecerá a alegria de beijar outro ser humano. Você cumprimenta com um aperto de mãos quase todos que conhece – frio, sem ter um significado, sem transmitir uma mensagem, desprovido de um fluxo de calor. Apenas mãos mortas apertando-se e dizendo "olá". Você aprende esse gesto morto, esse gesto frio. Você se torna congelado, um cubo de gelo. E então você diz: "Como entro em contato com meu centro?".

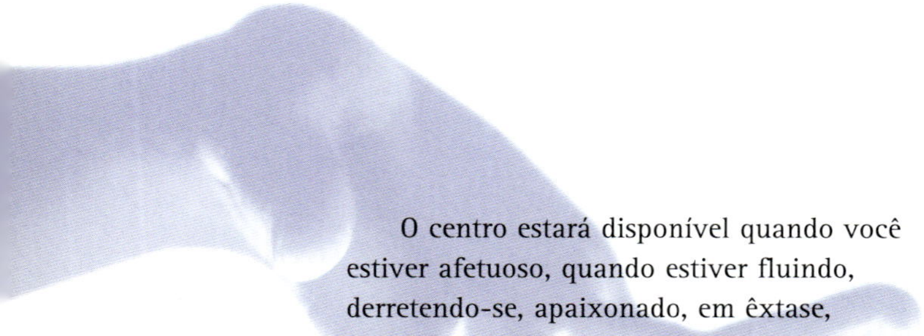

O centro estará disponível quando você estiver afetuoso, quando estiver fluindo, derretendo-se, apaixonado, em êxtase, dançando, gratificado. Depende de você. Simplesmente prossiga fazendo o que você realmente aprecia fazer e o agrada. Se você não gosta de algo, pare de fazê-lo. Descubra algo diferente que lhe agrade. Certamente há algo que você apreciará. Nunca conheci uma pessoa que não gostasse de algo. Existem pessoas que podem não gostar de uma coisa ou de outra, mas a vida é ampla. Não permaneça vinculado, torne-se flutuante. Permita que a energia flua mais. Deixe-a fluir, permita-lhe juntar-se a outras energias que o rodeiam. Logo será capaz de perceber que o problema não era como se tornar integrado, mas sim que havia esquecido de como fluir. Ao fluir energia, você subitamente fica integrado. Isso algumas vezes acontece subitamente, porém pela mesma razão.

Algumas vezes você se apaixona por alguém e repentinamente sente-se integrado; sente subitamente que pela primeira vez é um. Seus olhos têm um brilho, sua face tem um resplendor e seu intelecto não é mais obtuso. Algo começa a arder com brilho em seu ser – surge uma canção, seu caminhar agora parece ser um passo de dança. Você é um ser totalmente diferente.

Porém, esses são momentos raros porque não aprendemos o segredo. O segredo é que existe algo que você começou a apreciar. Esse é todo o segredo. Um pintor pode estar sentindo fome e pintar, e, ainda assim, você pode perceber que a face dele reflete muita satisfação. Um poeta pode ser pobre, porém, quando está cantando sua canção, é o homem mais rico do mundo. Ninguém é mais rico que ele. Qual é o segredo disso? O segredo é que ele está apreciando esse momento. Sempre que você gosta de algo, está sintonizado consigo mesmo e com o universo, porque seu centro é o centro de tudo.

Portanto, deixe que esse pequeno *insight* seja uma chave para você. Faça só o que lhe agrada, senão pare. Se estiver lendo um jornal e, na metade da leitura, perceber subitamente que não a está apreciando, então não há motivo para lê-lo. Por que você o está lendo? Pare imediatamente. Se você estiver falando com alguém e, no meio da conversa, compreender que não a está apreciando, mesmo se tiver falado apenas uma meia sentença, pare imediatamente nesse ponto. Você não a está apreciando e, portanto, não é obrigado a continuar. No início parecerá um pouco estranho. Porém toda pessoa é um pouco estranha, portanto, não considero que isso seja um problema. Você pode praticá-lo.

No intervalo de alguns dias você fará muitos contatos com seu centro e então compreenderá o que desejo dizer, quando repito insistentemente que o que você está buscando já se encontra em seu interior. Não está no futuro. Nada tem a ver com o futuro. Já se encontra aqui e agora; já existe.

correr, praticar jogging e nadar

É natural e fácil manter-se alerta enquanto estiver se movimentando. Quando estiver sentado em silêncio, a coisa natural é você simplesmente adormecer.

Quando está deitado em sua cama, é muito difícil manter-se alerta, porque toda a situação o leva a adormecer. Porém, em movimento, você naturalmente não consegue adormecer, você age de um modo mais alerta. O único problema é que o movimento pode se tornar mecânico.

Aprenda a fundir seu corpo, mente e alma. Encontre maneiras pelas quais você pode funcionar como uma unidade.

Isso acontece muitas vezes com os corredores. Você pode não considerar correr uma meditação, mas os corredores algumas vezes tiveram enorme experiência com a meditação. E ficaram surpresos, porque não tinham isso em mente – quem pensaria que um corredor pode experimentar Deus? Porém isso aconteceu. E agora, mais e mais, correr está se tornando um novo tipo de meditação. Isso pode acontecer durante a corrida.

Se você já foi um corredor, se apreciou correr cedo de manhã quando o ar está fresco e renovado e todo o mundo está voltando do sono, despertando... você estava correndo e seu corpo estava funcionando maravilhosamente, o ar fresco, o novo mundo renascido das trevas da noite, tudo cantando em torno, você estava sentindo-se tão desperto... chega um momento quando o corredor desaparece e existe somente a corrida. O corpo, a mente e a alma funcionam juntos; subitamente um orgasmo íntimo é alcançado.

Algumas vezes os corredores experimentam acidentalmente um estado em que a alma desaparece e permanece apenas a percepção, embora eles tendam a não atribuir importância a essa situação. Eles julgarão que foi apenas por correr que aproveitaram o momento: que era um dia maravilhoso, o corpo estava saudável e o mundo estava deslumbrante e isso era apenas um certo estado de espírito. Eles geralmente não prestarão atenção a isso, porém podem prestar. Minha própria observação é que um corredor pode

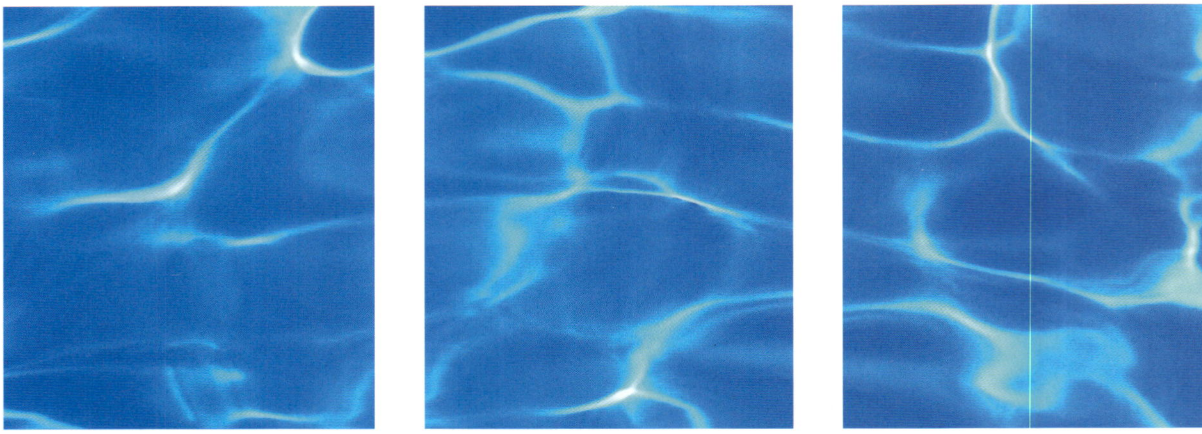

..descanse, respire e deixe a brisa fresca penetrar: sinta-se em paz.

chegar perto da meditação mais facilmente do que qualquer outra pessoa.

O jogging pode ser de grande ajuda, assim como a natação. Todas essas atividades têm de ser transformadas em meditações.

Desista da idéia antiga de meditação, de que somente sentar sob uma árvore, em uma postura ioga, constitui meditação. Essa é apenas uma das maneiras e pode ser adequada para algumas pessoas, mas não se aplica a todas. Para uma criança pequena não é meditação, é tortura. Para um jovem que está alerta e vibrante trata-se de repressão, não meditação.

Comece a correr de manhã na estrada. Comece com meio quilômetro, passe para um e finalmente tente correr pelo menos cinco quilômetros. Enquanto correr use todo o corpo; não corra como se estivesse em uma camisa-de-força. Corra como uma criança pequena, usando todo o corpo – mãos e pés – e corra. Sente-se então sob uma árvore, descanse, perspire e deixe a brisa fresca penetrar: sinta-se em paz. Isso será de grande ajuda.

Algumas vezes apenas fique de pé na terra sem os sapatos e sinta o frescor, a suavidade, o calor. Tudo o que a terra está pronta para lhe dar naquele momento, apenas o sinta e permita que flua em você. E deixe sua energia fluir para a terra. Fique ligado à terra.

Se você estiver ligado à terra, estará ligado à vida. Se você estiver ligado à terra, estará ligado a seu corpo. Se você estiver ligado à terra, se tornará muito sensível e centralizado, e isso é o que se torna necessário.

Nunca se torne um corredor profissional; permaneça um amador de modo que a sensação de estar alerta possa ser mantida. Se você alguma vez sentir que correr se tornou automático, desista; tente nadar. Se isso se tornar automático, então tente dançar. O aspecto a ser lembrado é que o movimento corresponde apenas a uma situação para criar conscientização. Enquanto ele criar conscientização permanece bom. Caso deixe de criar conscientização, então não tem mais utilidade; mude para outro movimento durante o qual você terá de ficar novamente alerta. Nunca permita que nenhuma atividade se torne automática.

meditação osho® nadabrahma

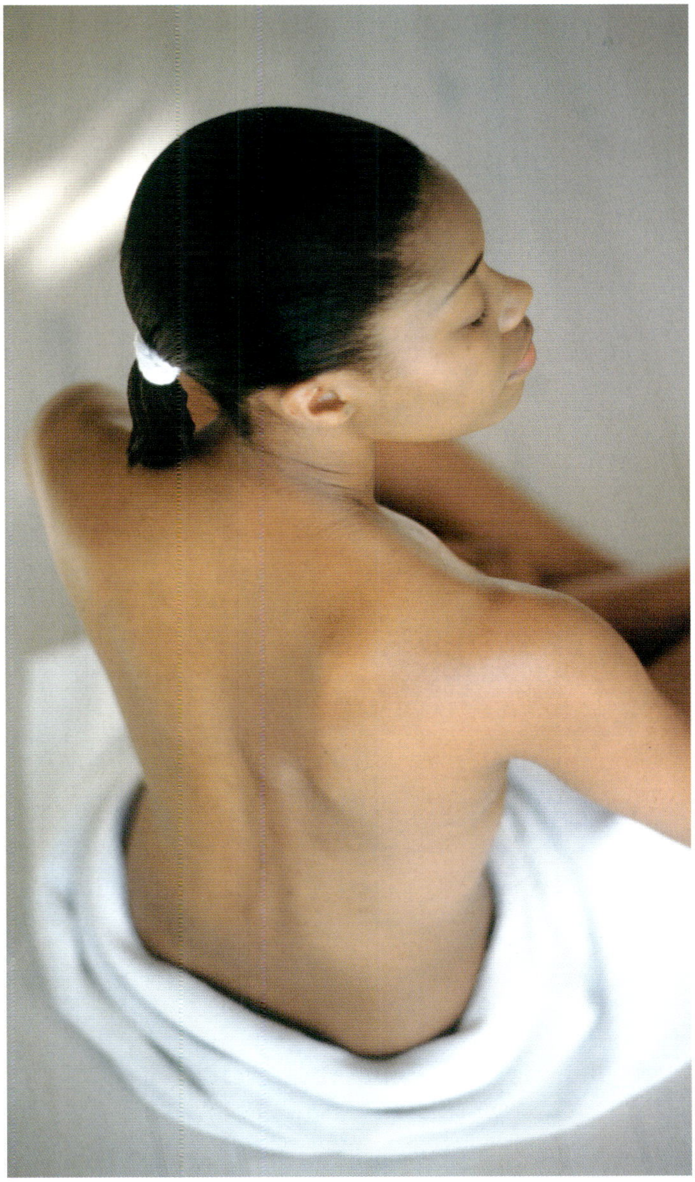

Nadabrahma é uma meditação mantra. É muito simples e, no entanto, grandemente eficaz, porque quando você recita um mantra ou emite um som, seu corpo começa a vibrar; as células do cérebro em particular começam a vibrar.

Caso seja feita corretamente, todo seu cérebro torna-se intensamente vibrante e todo o corpo também. Quando o corpo começar a vibrar e sua mente já estiver recitando, ambos se juntam em uma melodia. Há uma harmonia – que normalmente nunca está presente – entre os dois. Sua mente prossegue em seu caminho, seu corpo continua sem ajuda. O corpo continua a se alimentar, a mente prossegue pensando, o corpo continua caminhando na estrada, a mente desloca-se para longe nas estrelas. A mente e o corpo nunca se fundem – eles seguem trajetórias distintas e isso cria uma ruptura.

Essa esquizofrenia básica é crida porque o corpo vai em uma direção e a mente em outra. E você é o terceiro elemento – você não é o corpo nem a mente e é arrastado pelos dois. Metade de seu ser está sendo puxado pelo corpo e a outra metade, por sua mente. Portanto há uma grande angústia – a pessoa se sente fragmentada.

Em uma meditação mantra – nadabrahma ou qualquer tipo de recitação – é desse modo que o mecanismo funciona. Quando você começa a recitar um som - e qualquer som pode ser usado, até mesmo "abracadabra" – e sente que começa a ressoar internamente, o corpo começa a responder. Mais cedo ou mais tarde, surge um momento quando o corpo e a

mente movem-se juntos na mesma direção pela primeira vez. Quando corpo e mente estiverem juntos, você estará livre do corpo e da mente - você não estará fragmentado. Então o terceiro elemento que você é na realidade - denomine-o alma, espírito, atma, qualquer coisa -, esse terceiro elemento se encontra tranqüilo, pois não está sendo puxado em direções diferentes.

O corpo e a mente ficam tão absorvidos na recitação, que a alma pode escapar deles muito facilmente, sem ser notada, podendo tornar-se uma testemunha; ela pode destacar-se e observar todo o jogo que está ocorrendo entre a mente e o corpo. É um ritmo tão bonito que a mente e o corpo nunca se tornam conscientes de que a alma se desprendeu, porque não o permitem tão facilmente - ou permitem? Querem apegar-se ao que possuem. Ninguém quer perder o que possui. O corpo quer dominar a alma e a mente quer dominar a alma.

Essa é uma forma muito astuciosa de escapar do domínio que exercem. Eles se embriagam com a recitação e você escapa!

Portanto, lembre-se disso na Meditação Nadabrahma: deixe o corpo e a mente permanecerem totalmente juntos, mas lembre-se de que você tem de tornar-se uma testemunha. Afaste-se deles, sorrateiramente, de modo lento, saindo pela porta dos fundos, sem luta, sem nenhum combate. Eles estão bebendo - você sai e os observa do lado de fora.

Esse é o significado da palavra êxtase – permanecer do lado de fora. Permaneça fora e observe a partir de lá... e isso é extraordinariamente pleno de paz. É silêncio, é alegria, é bênção.

Esse é todo o segredo da recitação – é por isso que a recitação tem prevalecido ao longo dos séculos. Nunca houve uma religião que não tenha usado a recitação e o mantra. Mas também há um perigo! Se você não sair, se não se tornar uma testemunha, existe o perigo de não ter captado o aspecto fundamental. Se se embriagar com o corpo e a mente e sua alma também ficar embriagada, então a recitação torna-se uma substância tóxica. É como um tranqüilizante – ele lhe proporcionará um bom sono, nada mais. É uma canção de ninar. Bem, nada de errado com isso, mas também não há nenhum valor real.

Portanto, essa é a armadilha a ser lembrada: a recitação é tão bonita a ponto de a pessoa desejar perder-se. Se você estiver perdido, então isso é bom, você se alegrou com um ritmo, um ritmo interior, ele era maravilhoso e você o apreciou, mas era como uma droga – era como um sonho após ter consumido LSD. Ao recitar, por meio do som você criou certas drogas em seu corpo.

Recitar cria alterações químicas no corpo e essas alterações não são diferentes daquelas criadas pela maconha ou pelo LSD. Algum dia, quando as pesquisas sobre meditação se aprofundarem, os pesquisadores descobrirão que a recitação gera mudanças químicas, do mesmo modo que jejuar gera mudanças químicas.

Após o sétimo ou oitavo dia de jejum, a pessoa se sente com enorme júbilo, sem sentir o peso, muito contente sem nenhuma razão, contente – como se todas as amarras tivessem desaparecido. Seu corpo criou certa mudança química.

Sou tanto contra o LSD quanto contra o ato de jejuar. E se a recitação é usada como uma droga, sou contra ela. Portanto o aspecto a ser lembrado é que você não deve usar o som, a recitação, o mantra como um tóxico para o seu ser. Deixe-o ser um não-tóxico para o corpo e a mente, mas assegure-se de escapar antes de tornar-se intoxicado; você deve permanecer de fora e observar. Você vê o corpo oscilar e a mente sentir-se com muita paz, calma e tranqüila. Observe do lado de fora e fique alerta como uma chama.

Caso isso não seja feito, você dormirá bem, porém nada além disso. Então trata-se de algo bom para a sua saúde, mas nada faz para o seu crescimento final. Lembre-se então de escapar dessa situação. Deixe o corpo embriagar-se, permita que a mente se embriague, deixe-os vivenciar um caso de amor profundo entre si e então fuja disso. Não permaneça lá por mais tempo, caso contrário você adormecerá. E se uma pessoa adormece, isso não é meditação. Meditação significa conscientização. Portanto, lembre-se disso!

instruções para a meditação nadabrahma

Nadabrahma é uma técnica tibetana antiga originalmente praticada nas primeiras horas da manhã. Pode ser feita a qualquer hora do dia, tanto a pessoa estando sozinha quanto acompanhada de outras pessoas, mas assegure-se de estar com o estômago vazio e permanecer inativo durante pelo menos quinze minutos após. A meditação dura uma hora e existem três estágios.

Primeiro estágio: 30 minutos
Sente-se em uma posição confortável com os olhos fechados e os lábios juntos. Comece a murmurar, em um tom suficientemente alto para ser ouvido por outras pessoas e criar uma vibração em todo o seu corpo. Você pode visualizar um tubo oco ou um recipiente vazio, preenchidos somente com as vibrações de seu murmurar. Surgirá um ponto em que o murmurar continua sozinho e você se torna o ouvinte. Não há uma respiração especial e você pode alterar a altura do som ou movimentar seu corpo de modo suave e lento, caso o deseje.

Segundo estágio: 15 minutos
O segundo estágio é dividido em duas etapas de 7,5 minutos. Para a primeira, movimente as mãos com as palmas para cima em um movimento circular para fora. Começando no umbigo, ambas as mãos movem-se para a frente e então se separam para fazer dois grandes círculos, espelhando-se entre si à esquerda e à direita. O movimento deve ser tão lento para parecer, às vezes, que simplesmente não existe. Sinta que você está transmitindo energia na direção do universo.

Após 7,5 minutos movimente as mãos para que as palmas fiquem dispostas para baixo e comece a movê-las na direção oposta. Agora as mãos se juntarão orientadas para o umbigo e, depois, se afastarão para os lados do corpo. Sinta que você está absorvendo energia. De modo análogo ao primeiro estágio, não iniba nenhum movimento suave e lento do restante de seu corpo.

Terceiro estágio: 15 minutos
Sente-se ou deite-se tranqüilo e imóvel.

nadabrahma para casais

Os parceiros sentam-se um em frente ao outro cobertos por um lençol e entrelaçando as mãos. É melhor não usar outra coberta. Ilumine o quarto apenas com quatro velas pequenas e queime um incenso especial, aceso só para esta meditação.

Fechem os olhos e murmurem juntos por trinta minutos. Após um pequeno intervalo, sentirão que as energias se encontrarão, se fundirão e se unirão.

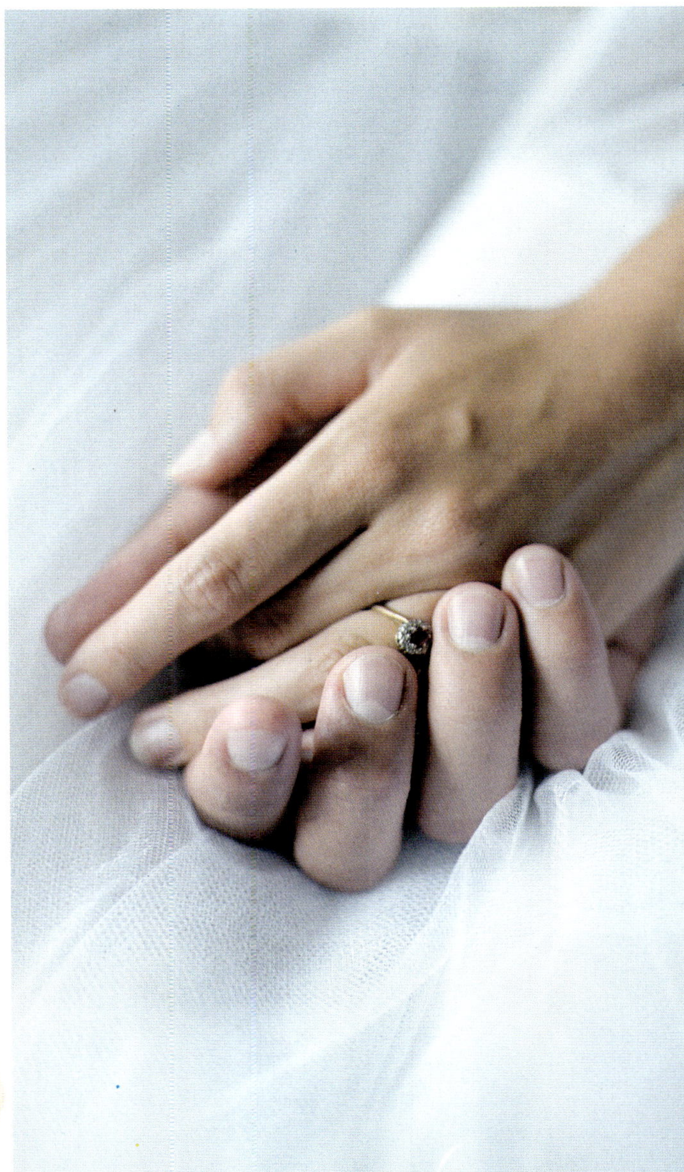

pós-escrito

Comece a se conscientizar das ações rotineiras do dia-a-dia e permaneça relaxado, enquanto as estiver executando. Não há necessidade de ficar tenso. Quando você estiver lavando o chão, qual a necessidade de ficar tenso? Ou quando estiver cozinhando, qual a necessidade de permanecer tenso? Não há um único aspecto na vida que requeira sua tensão. Trata-se apenas de sua falta de conscientização e de sua impaciência.

Tenho vivido de muitas maneiras diferentes, com todos os tipos de pessoas. E sempre fico perplexo: por que elas ficam tensas?

Parece que a tensão nada tem a ver com algo em seu exterior, tem relação com o que se encontra em seu interior. No lado de fora você sempre encontra uma desculpa, só por parecer tão idiota ficar tenso sem alguma razão. Para racionalizar, você encontra alguma razão em seu exterior para explicar por que está tenso.

Porém a tensão não está fora de você, ela reside em seu estilo de vida incorreto. Você vive em um ambiente competitivo - isso criará tensão. Você vive em uma comparação contínua - isso criará tensão. Está sempre pensando no passado ou no futuro e deixando passar o presente, que é a única realidade - isso criará tensão.

Trata-se de uma questão facilmente compreendida. Não há necessidade de competir com alguém. Você é você mesmo, e, como é, você é perfeitamente bom.

Aceite-se.

É desse modo que a existência quer que você seja. Algumas árvores são mais altas; outras são menores. Porém as árvores menores não são tensas e nem as mais altas têm um grande ego. A existência precisa de variedade. Alguém é mais forte que você; alguém é mais inteligente que você - porém, de algum outro modo, você será mais talentoso que qualquer outra pessoa.

Identifique apenas seu próprio talento. A natureza nunca cria nenhuma pessoa sem alguma dádiva única. Simplesmente procure um pouco. Talvez você consiga tocar flauta melhor que um presidente - você é melhor flautista do que ele é presidente.

Não há motivo para se fazer alguma comparação. A comparação desvia as pessoas do caminho certo. A competição as mantém continuamente tensas e como a vida delas é vazia, elas nunca vivem para o momento. Tudo o que fazem é pensar no passado, que deixou de existir, ou projetar o futuro, que ainda não chegou.

Tudo isso conduz as pessoas quase à insanidade. Não há necessidade; nenhum animal enlouquece, nenhuma árvore precisa de psicanálise. O todo da existência consiste em viver em celebração constante, exceto os seres humanos. Estão sentados a distância, tensos, preocupados.

Tendo uma vida restrita você a está perdendo e todo dia a morte se aproxima mais. Isso cria até mais angústia - "a morte está se aproximando e eu nem sequer comecei

Você é você mesmo, e como é, você é perfeitamente bom. Aceite-se.

a viver". A maioria das pessoas percebe, somente ao morrer, que estava viva – porém é muito tarde.

Viva apenas o momento.

E sejam quais forem as qualidades e os talentos que você possua, aproveite-os integralmente.

Kabir, um dos místicos na Índia, era um tecelão. Tinha milhares de adeptos e ainda continuava a tecer roupas. Até mesmo reis eram seus seguidores. O rei de Varanasi perguntou-lhe: "Mestre, isto não parece adequado, nos faz sentir constrangidos. Podemos cuidar de sua pessoa. Não há necessidade de tecer roupas e ir ao mercado toda semana no dia da feira para vendê-las. Pense somente em nós! As pessoas julgam que não estamos cuidando do senhor".

Kabir respondeu: "Posso compreender seu problema, porém tenho somente um talento, o de tecer roupas bonitas. Caso pare de fazê-lo, quem o fará? E Deus existe sob diferentes faces, em corpos distintos, para comprar roupas toda semana no mercado".

Ele costumava dizer a todo cliente: "Senhor, seja cuidadoso com o tecido. Eu o teci não como qualquer outro tecelão – minhas canções encontram-se nele e minha alma reside nele. Extravasei todo o meu ser nele. Seja cuidadoso, use-o com carinho e amor e lembre-se: Kabir o teceu especialmente para o senhor". E isso não era algo que ele dizia apenas para algumas pessoas, ele o falava a todos os seus clientes.

Essa era sua contribuição. Costumava dizer a seus discípulos: "Que mais posso fazer? Estou dando o melhor de mim: posso tecer, cantar, dançar e estou imensamente feliz".

Seja o que estiver fazendo, se você estiver contente e sentir que toda essa experiência nada mais é que a manifestação da piedade, que estamos viajando em terra sagrada, que seja qual for a pessoa que encontrar, você está encontrando Deus... se você julgar que não existe outra maneira – somente as faces são diferentes, porém a realidade interior é a mesma – todas as suas tensões desaparecerão. E a energia que está envolvida na tensão começará a se tornar seu encanto, sua beleza.

Então a vida não será apenas uma existência comum, rotineira e diária, mas uma dança do berço ao tumulo. E a existência será grandemente enriquecida por seu encanto, seu relaxamento, seu silêncio, sua conscientização. Você não deixará o mundo sem contribuir com algo valioso para ele.

Mas, as pessoas estão sempre olhando as demais, o que os outros estão fazendo – alguém está tocando flauta, você não sabe tocar e imediatamente ocorre a infelicidade; alguém está pintando, você não sabe pintar e fica infeliz.

Seja o que estiver fazendo, faça-o com tal amor, com tal cuidado que o menor objeto, no mundo, torna-se uma obra de arte. Ele trará grande alegria para você. E criará um mundo sem competição, sem comparação: dará dignidade a todas as pessoas; restaurará o orgulho que possuem.

Qualquer ato realizado na totalidade torna-se sua prece.

informações adicionais

Sobre o autor
Os ensinamentos de Osho desafiam classificações, cobrindo tudo, desde a busca individual por significado até os temas sociais e políticos mais prementes com que a sociedade se defronta atualmente. Seus livros não são escritos, mas transcritos de gravações em áudio e vídeo de palestras improvisadas feitas para audiências internacionais, ao longo de um período de 35 anos.

Osho considera seu trabalho uma ajuda visando a criar as condições para o surgimento de um novo tipo de ser humano. Ele freqüentemente tem considerado esse novo ser humano "Zorba, o Buda" – uma pessoa capaz de aproveitar os prazeres terrenos de um Zorba, o Grego e a serenidade silenciosa de Um Gautama Buda.

Percorrendo como um fio todos os aspectos dos ensinamentos de Osho, encontra-se uma visão que engloba a sabedoria atemporal do Oriente e o mais elevado potencial da ciência e tecnologia ocidentais.

Osho também é conhecido por sua contribuição revolucionária à ciência da transformação íntima, baseada em um método de meditação que reconhece o ritmo acelerado da vida contemporânea. Suas "Meditações Ativas" diferenciadas foram criadas para liberar, inicialmente, os estresses acumulados do corpo e da mente de modo que se torne mais fácil experimentar o estado de meditação livre de pensamentos e relaxado.

Resort de Meditação OSHO
Este é um local onde as pessoas podem valer-se de uma experiência pessoal direta de uma nova maneira de viver sendo mais alerta, relaxado e tendo mais alegria. Localizado a sudeste de Mumbai, em Pune, na Índia, o resort oferece uma variedade de programas para milhares de visitantes a cada ano vindos de todo o globo. Todos os programas no resort se baseiam na visão Osho de um tipo qualitativo de ser humano, capaz tanto de participar criativamente na vida diária como de relaxar em silêncio e meditação. A maioria dos programas se realiza em instalações modernas dotadas de ar condicionado e incluem uma variedade de sessões individuais, cursos e workshops cobrindo tudo, desde artes criativas até tratamentos holísticos de saúde, transformação pessoal e terapia, ciências esotéricas, o método "zen" para a prática de esportes e recreação, temas de relacionamentos e transições de vida significativas para homens e mulheres. Para detalhes dos programas e informações sobre viagem visite o site *www.osho.com/resort.*

Website
www.osho.com
Um site completo que inclui instruções visuais para as Meditações Ativas Osho, uma página com as perguntas mais freqüentes e detalhes a respeito de CDs de música especialmente para acompanhar essas meditações.

índice remissivo

agradecimentos

Créditos das fotografias

Corbis: p. 9 Cameron, 10-11 Galen Rowell, p. 19 Philip Bailey, p. 21 Randy Faris, p. 26 Firefly Productions, p. 33 Peter Reynolds/Frank Lane Picture Agency, p. 35 Kennan Ward, p. 40-41 Catherine Wessel, p. 66 Terry Weggers, p. 75 Mark M. Lawrence, p. 77-78 Lindsay Hebberd p. 80-81, Patrick Giardino p. 82, Michael Punce, p. 84 Robert Landau, p. 93 Laureen March, p. 96-97 L. Clarke, p. 128 Tom Galliher, p. 128 Tom Galliher, p. 129 Herrmann/Starke, p. 133 Michael Keller, p. 137 Juttaklee, p. 140 Robert Essel/NYC.

Getty-Images/ Stone: p. 6-7, Matthew Antrobus, p. 12 Gerben Oppermans, p. 16 Judith Haeusler, p. 27 Richard Elliott, p. 28 Manfred Rutz, p. 60 Jana Leon, p. 68 Daly & Newton, p. 90-91 Tom Stock, p. 95 Ray Kachatorian, p. 101 Steve Taylor, p. 105 Markus Amon, p. 106 Jack Louth, p. 110 Luc Beziat, p. 118 Anthony Marsland, p. 124 Jim Franco, p. 127 Richard Ross, p. 139 A. Witte/C. Mahaney.

Getty Images/Taxi: p. 24 Lisa Romerein, p. 36 David Sacks, p. 46 Charly Franklin, p. 48-49 Thayer Syme, p. 88 Michael Krosowitz, p. 100 Ken Reid, p. 107 Geoff du Feu, p. 112 Christoph Wilhelm, p. 125 David Norton.

Getty Images/The Image Bank: p. 2 Regine M, p. 4 Shaun Egan, p. 18 Serge Krouglikoff, p. 38 Michael Melford, p. 43 Terie Rakke, p. 52 KenKochen, p. 58 Shuji Kobayashi, p. 70-71 Hans Neleman, p. 85 Ghislaine e Marie David de Lossy, p. 98 Leo Mason, p. 102 Amy Neunsinger, p. 108-109 John e Lisa Merrill, p. 113 Stuart Westmorland, p. 115 Tierry Dosogne, p. 131 Tom Bean, p. 134 Pete Turner.

Octopus Publishing Group Limited: Jerry Harpur p. 34/ Andrew Lawson p. 79,87/ David Loftus p. 50/ Peter Myers p. 29,76 e 122-123/ Peter Pugh-Cook p. 56/ William Reavell p.103/ Ian Wallace p. 57 e 92/ Mark Winwood p. 86,114,126 e 126-127/ Jacqui Wornell p. 5, 20 e 73/ George Wright p. 67.

Photodisc/ Getty Images: p. 53 e 99.

Agradecimentos do editor

Editor-executivo: David Alexander
Editor-gerente: Clare Churly
Diretor de criação: Tracy Killick
Gerente de produção: Louise Hall

Planejado e produzido para a Hamlyn por
The Bridgewater Book Company

Diretor de criação: Terry Jeavons
Diretor editorial: Jason Hook
Planejadores do projeto: Anna Hunter-Downing e Lisa McCormick
Composição das páginas: Kevin Knight
Editores assistentes: Hazel Songhurst e Cath Senker
Pesquisa de imagens: Vanessa Fletcher